Wolfsteiner, Die Pest in der Oberpfalz

Taubald

Oberpfälzer Raritäten, Band 6
Alfred Wolfsteiner, Die Pest in der Oberpfalz
Fotos: Konrad Jäger
Umschlaggestaltung: Martin Stangl
1. Auflage 1990

ISBN 3-924783-09-8

Ein vielfaches Mehr an Opfern als zahllose Kriege forderte die Pest. Eindringlich wurden die Gläubigen an den Tod erinnert und zur Umkehr gemahnt, wie in dem Deckengemälde der Friedhofskirche in Mitterteich (Lkr. Tirschenreuth).

Einleitung

Fast jedes Kind hat schon einmal das Spiel vom „Schwarzen Mann" gespielt und jeder kennt das Lied vom „lieben Augustin". Doch kaum jemand weiß, daß es sich dabei um Anspielungen auf die Pest handelt. Trotzdem ist in vielen Beispielen die Erinnerung an die Pest lebendig: Etwas „stinkt wie die Pest" oder man „fürchtet etwas, wie die Pest". Bei der Immunschwächekrankheit Aids handelt es sich inzwischen um eine „Schwulenpest" oder die „Pest des 20. Jahrhunderts". Wissenschaftler sprechen davon, daß es sich bei Aids um die größte Gesundheitskatastrophe in der Geschichte der Menschheit handeln könnte. Sie sprechen davon, daß diese Seuche mehr Opfer fordern könnte, als alle Kriege, Naturkatastrophen und Hungersnöte unseres Jahrhunderts zusammen. Ob diese Apokalypse, die manche schon wieder als Strafe Gottes bezeichnen, eintritt, muß man abwarten. Auch sei dahingestellt, ob Aids „viel mehr Opfer fordern wird, als die Pest im Mittelalter", wie kürzlich ein amerikanischer Gesundheitsbeamter festgestellt hat.

Wenn wir uns jedoch die Dimensionen vorstellen, die Aids annehmen könnte, dann wird deutlich, welch ungeheuere Katastrophe Europa traf, als die Pest hier auftauchte und in kürzester Zeit Millionen und aber Millionen von Menschen dahinraffte. Ohne Gegenmittel der Seuche hilflos ausgeliefert, starben um 1350 in Europa zwischen 18 und 25 Millionen Menschen, etwa ein Drittel der damaligen Bevölkerung. Eine unvorstellbare Katastrophe mit riesigen Umwälzungen demographischer, ökonomischer und kultureller Art.

„Vor Pest, Hungersnot und Krieg verschone uns o Herr" beteten die Gläubigen in der Allerheiligenlitanei, verlobten sich zu Pestheiligen, veranstalteten Bittprozession und stifteten Kirchen und Kapellen. Quacksalber fertigten Amulette, Ärzte und Apotheker mischten Gegenmittel und publizierten Pestschriften. Regierungen erließen Gesetze und Vorschriften, wie man sich bei der „laidigen Sucht der Pestilenz" verhalten solle. Geholfen hat nichts.

Zwar erreichte die Seuche in späterer Zeit nie mehr die Ausmaße, wie am Ende des Mittelalters, doch bis ins 18. Jahrhundert flackerte die Pest immer wieder auf, in Indien gab es sogar noch am Anfang unseres Jahrhunderts verheerende Epidemien und noch bis in die Gegenwart arbeiten Biologen im Dienst des Militärs an biologischen Waffen mit dem Pesterreger, der erst im Jahre 1894 entdeckt werden konnte. Der Erreger ist auch heute noch aktiv, aber er ist unter Kontrolle, Gegenmittel sind vorhanden.

Die Oberpfalz im Herzen Europas gelegen, Durchgangsland wichtiger Handelsverbindungen nach Ost- und Südosteuropa, wichtiger Eisenproduzent, schließlich Aufmarsch- und Durchzugsgebiet in zahllosen Kriegen, wurde kaum von einer größeren Seuchenepidemie verschont. Der apokalyptische Reiter Pest kam deshalb häufig im Gefolge von Hungersnot und Krieg daher. Nur strenge Quarantäne konnte vor der Krankheit schützen. Bisher hat noch niemand den Verlauf der Pest in der Oberpfalz ausführlich beschrieben. Zwar gibt es die umfangreichen Arbeiten von K. Andräas und H. Schöppler vom Anfang unseres Jahrhunderts. Diese Arbeiten beschäftigen sich vor allem mit dem medizinischen Aspekt wie bei Andräas oder beschreiben den Pestverlauf in Regensburg, wie bei Schöppler. Ansonsten sind die Informationen auf einige wenige Dissertationen, kleinere Artikel und Ortschroniken beschränkt.

Ich habe versucht, nicht nur den seuchengeschichtlichen Aspekt aufzuzeigen, sondern auch religiöse und volkskundliche Bezüge aufzuhellen und einen chronologischen Abriß der Pest in der Oberpfalz zu geben. Eine Vollständigkeit kann auf diesem Gebiet wohl kaum erreicht werden, aber es wurde versucht, wenigstens einen Teil der vorhandenen Archivalien mit einzuarbeiten, die Hauptarbeit muß den Ortshistorikern überlassen bleiben. Der chronologische Abriß gibt dem Ortsgeschichtsforscher die Möglichkeit, einzelne Belege der Pest am Ort in einen zeitlichen Gesamtzusammenhang zu setzen. Auf der anderen Seite soll auf Zeugnisse, die in einem Bezug zur Pest stehen, aufmerksam gemacht werden, da in vielen Fällen die Erinnerung daran verloren gegangen ist.

Alfred Wolfsteiner

„Carfunkel-Blattern, Petechflecken und Bubones"

Die Medizin der Pest

Erst seit dem Ende des 19. Jahrhunderts ist der Erreger der Pest bekannt. Entdeckt hat ihn der schweizer Forscher Alexandre Yersin. Er hat dem Erreger auch seinen Namen gegeben: Die Medizin spricht von der „Yersina pestis". Inzwischen sind drei Arten bekannt:

- die orientalische Pest
- die mittelalterliche Pest
- die Pest des Altertums

Die Symptome aller drei Arten sind ähnlich, allerdings gibt es zwei Varianten der Seuche: Bei der Beulenpest greifen die Krankheitserreger das Lymphsystem des Menschen an, bei der Lungenpest werden vor allem die inneren Organe angegriffen. Im ersten Fall dringt das Bakterium über die Haut ein, z.B. durch Flohbisse oder durch Kratzen. Nach der Infektion steigt die Körpertemperatur sehr schnell über 40° C, dazu kommen Schüttelfrost, Kopf- und Gliederschmerzen. Das auffallendste Symptom ist eine Schwellung der Lymphdrüsen, wobei hühnereigroße Beulen entstehen können, weshalb man auch von der Beulen- oder Bubonenpest spricht. Diese Bubonen treten hauptsächlich in der Leistengegend, in den Achselhöhlen und im Nackenbereich auf. Die Beulen können innerhalb von ein bis zwei Tagen sogar Faustgröße erreichen.

Die Erkrankung wirkt sich auf den Blutkreislauf aus, es kommt zu Bluthochdruck und Druckgefühl. Im Endstadium kommt es zu akutem Herz- und Kreislaufversagen. Wenn sich die Beulen zurückbilden, können 20 bis 40 % der Infizierten genesen. Wenn keine Heilung erfolgt, überschwemmen die Erreger in kürzester Zeit den ganzen Körper, schädigen Herz, Nieren und Lunge. Wenn der Tod nicht sofort eintritt, bilden sich unter der Haut neue Beulen in den verschiedensten Farbschattierungen: orange, gelb, blau, schwarz. Dazu kommen nervöse Störungen, Schwindelgefühl und Halluzinationen. Schließlich tritt der Tod ein.

Auch die Lungenpest beginnt urplötzlich mit Schüttelfrost und Fieber. Die Inkubationszeit (Zeit bis zum Ausbruch der Krankheit) beträgt hierbei nur einen Tag. In kürzester Zeit kommt es zu Kreislaufversagen, Atemstörungen und Hustenreiz. Der Auswurf wird blutig, das Husten schmerzhaft. Nach etwa zwei Tagen stirbt der Kranke unter Atemstörungen. Sehr ausführlich haben die Regensburger Ärzte 1713 die Kennzeichen der Seuche beschrieben. In der Pestschrift: „Zuverlässiger Unterricht wie man sich bey gegenwärtiger Seuche unter göttlichem Segen praeserviren und curiren könne“ heißt es:

„Weilen diese ansteckende Seuche / wie vorhin schon gemeldet / eine besondere und verborgene Art eines schleichenden Giffts mit sich führet, so hat man / zu Erkänntnuss derselben / um so viel destomehr auf folgende observirte Zeichen genau Acht zu haben: (1) Empfindet der Patient eine ungewöhnliche Veränderung / mit abwechselnden Schauer / Frost und Hitze / als wenn er mit einem Fieber oder Rothlauff befallen wurde; (2) klaget er über hefftige Kopff-Schmerzen, (3) über Zittern und Mattigkeit in allen Gliedern / als wann solche abgeschlagen wären, (4) über / Angst / Bangigkeit / Drucken und brennende Hitze um das hertz und Brust; (5) viele beklagen sich über Bitterkeit im Mund / nebst Eckel vor den Speisen; (6) die meisten leiden grossen Durst, (7) die Augen gläntzen / starren und sind bei vielen inflammirt (entzunden), (8) die Ohren sausen und klingen, (9) die natürliche Gestalt ist verändert, die Lippen werden bleich und blau, (10) das Atemholen kommt ihnen schwer an; (11) wiederum andere klagen über Grimmen und Reissen im Leibe / wobey sich gemeiniglich ein Durchfall einfindet; (13) einige können sich des Schlafs nicht enthalten, (14) hingegen andere etliche Tage und Nächte gar nicht oder wenig schlaffen; (15) viele klagen über Spannen und Zucken im Genick; (16) die meisten können vor Angst nicht still und ruhig liegen / sondern werfen sich im Bett hin und wieder; (17) einige reden aberwitzig / phantasiren / laufen mit dem Kopff an die Wand / und sind fast nicht zu halten; (18) bey einigen hat man angelauffene Hälse und von Hitze zersprungene Zungen und leffzen (Lippen) observiret; (19) viele Klagen über reissende Gicht-Schmertzen in allen Gliedern, (20) hinter den Ohren / am Halse / unter den Armen / auf den Lenden / in der Reihe bey den Geburts-Gliedern / in dem dicken Fleisch des oberen Schenckels / bey der Knyekehle / ja auch bey einigen ohnweit des Nabels zeigen sich Bubones (Beulen), Anthraces (schwarze Flecken), oder sogenannte harte und in der Tieffe liegende Pest-Beulen / welche nach und nach grösser werden / und wie glühende Kohlen brennen; (21) einige laboriren an Beulen und Carfunkel-Blattern (rote Flecken) zugleich, (22) auf der Brust und dem gantzen Leibe zeigen sich bisweilen rothe / blaue und braune Petech-Flecken (Blutflecken), (23)

bey einigen hat man Violblaue / ein / zwey / drey / vier Zoll lange Streiffen hin und wieder an dem Leibe observirt; (24) bey einigen haben sich / wie bey denen Kindes-Blattern zu geschehen pfleget / zusammen gelaufene Petechen geäussert; (25) bey Vollblütigen hat sich starckes Nasenbluten / ja wol der Blutsturtz selbsten / und bey vielen Weibs-Personen die ausserordentliche Blume (Blutung) eingefunden; (26) die Puls ist veränderlich / meistentheils schnell / dabey schwach und offtmals zitternd. Vollblütige haben einen starkanschlagenden / dabey aber ungleichen Puls-Schlag; (27) bey einigen siehet der Urin s. v. ziemlich gesund / bey einigen wie Spanischer Wein / bey einigen wie Blut / bey einigen wie Buttermilch aus; (28) die kritischen Tage sind nach Beschaffenheit des Alters, Temperaments und Geschlechts sehr variabel observirt worden."

Obwohl es heute Heilmittel gegen die Pest gibt, betrug die Sterblichkeit 1965 noch 30-90 % und heute verlaufen immerhin noch von den seltenen Pestfällen 40-60 % tödlich. In den letzten Jahren mußten einige Ergebnisse der früheren Pestforschung revidiert werden. Früher hielt man vor allem die Hausratte für den Dauerüberträger der Seuche. Heute weiß man, daß eine ganze Reihe von Säugetieren, es sind etwa 200 Arten bekannt, als Dauerträger in Frage kommen. Als Zwischenwirte werden nach wie vor Nagetiere (Hausratte, Murmeltier, Hamster, Wühlmaus) angesehen.

Der eigentliche Überträger auf den Menschen ist der Rattenfloh. Der Ablauf einer Infektion sieht wohl so aus: Der Rattenfloh saugt an einer infizierten Ratte, in seinem Magen-Darmkanal findet eine Massenvermehrung der Krankheitserreger statt. Der Mensch wird für den Floh zum Verlegenheitswirt und durch einen Stich angesteckt. Jahrzehntelang war man der Meinung, daß die Infektion auch in Mitteleuropa so verlaufen ist. Da jedoch der Rattenfloh, der in tropischen Gebieten die Seuche überträgt, bei uns nicht heimisch ist, muß in unseren Breiten der Menschenfloh für die Seuche verantwortlich gewesen sein. Bei der Lungenpest geschah die Infektion direkt von Mensch zu Mensch durch Tröpfcheninfektion.

Warum schließlich die Pest aus Mitteleuropa verschwunden ist, darüber gibt es unterschiedliche Vermutungen. Eine Theorie sagt, daß die Hausratte von der weniger anfälligen und menschenscheueren Wanderratte verdrängt wurde, andere vermuten eine Mutation des Pesterregers. Vielleicht existierte auch im Mittelalter eine besonders bösartige Variante des heute bekannten Erregers. Plausibel erscheint das Zusammenwirken verschiedener Faktoren. Dazu gehören auch verbesserte hygienische Verhältnisse, die Entfernung des Kleinviehs aus dem Wohnbereich, der Wandel von der Holz- zur Steinbauweise, der wegen der geringeren Feuergefahr im 18. Jahrhundert vom Staat besonders intensiv gefördert wurde. Das Verschwinden der Strohdächer scheint ebenfalls das Ende der Pestepidemien bewirkt zu haben.

Zahlreiche Pestschriften spiegeln deutlich wieder, wie sich die Medizin die Entstehung der Pest vorgestellt hat und wie hilflos man ihr im Seuchenfalle gegenüberstand. Die Unsicherheit der Medizin wird deutlich aus der Menge der Mittel, die man gegen die Pest anwenden sollte.

Einige Maßnahmen waren ausgesprochen drastisch. Da gab es z.B. die sogenannten „Dreckstherapeuten". Diese verwendeten Leder, Schuhlappen, Bockshorn und Klauen als Räucherwerk. Andere hielten sich stinkende Böcke als Gegenmittel. Als das Gerücht auftauchte, Gerber und Latrinenreiniger seien verschont geblieben, gingen einige am Morgen mit nüchternem Magen ins „heimliche Gemach", um die dortigen Ausdünstungen einzuatmen. Auch Saudreck sollte helfen. Paracelsus lehrte, daß jeder Mist helfe, besonders aber Menschenkot; auch Bocksurin, Menschenurin auf nüchternen Magen am Morgen getrunken sollte helfen, ebenso wie Menstruationsblut in Essig und Rosenwasser gelöst. Kleine Vögel, die frei im Zimmer umherflogen, sollten den Pesthauch auf sich ziehen. Verschiedene Gegenstände hielt man besonders geeignet, das Pestgift anzuziehen: Spinnen, Kröten, Eidechsen und Edelsteine wie Diamanten, Saphire und Topase. Man war der Meinung, daß neben schlechten Ausdünstungen auch gute Gerüche gegen die Pest helfen würden. Eine ganze Reihe von Heilkräutern brachte man in Anwendung: Weihrauch, Wacholder, Lorbeer, Tannen-, Buchen-, Fichten- und Zypressenholz, Zitronen- und Orangenblätter, Eichenlaub, Wermut, Melisse, Rosmarin, Thymian, Grüne Raute, Ambra, Mastix, Laudanum, Storax, Birkenrinde, Salbei, Lavendel, Majoran, Kampfer und auch Schwefel wurde angewandt. Manche räucherten so stark, daß die Kanarienvögel in den Käfigen und die Schwalben in den Nestern erstickten. Die Apotheker erstellten aus Kräutern aromatische Heilmittel, die auf heißen Steinen verdunstet wurden. Ganze Wohnungen wurden mit derartigen Mitteln ausgestrichen und die Bevölkerung träufelte sich die Stoffe aufs Taschentuch. Derartige Pestwässer waren übrigens der Urstoff des „Kölnisch Wasser".

Bei den Medikamenten gab es unterschiedliche Preislagen. Daß die Preise im Seuchenfall nicht ins unermeßliche stiegen, legten die Städte die Preise auf dem Amtswege fest. Geholfen hat schließlich keines der angewandten Mittel. Ein Überbleibsel des Räucherns gegen die Pest scheint die Verwendung des Weihrauchs am Dreikönigsfest zu sein. Ursprünglich wohl ein Mittel gegen die bösen Geister, diente der Weihrauch in Pestepidemien vor allem der Prophylaxe (Vorsorge). In späteren Jahrhunderten galt besonders in Holland und England Tabak und Schnupftabak als geeignetes Abwehrmittel.

Der Übergang vom ärztlich verordneten Heilmittel zum abergläubischen Amulett war fließend. Der eine verwahrte eine mit Quecksilber gefüllte Haselnuß am Hals, der andere trug Arsenik mit Eiweiß zu einem Teiglein gemischt und mit Seide überzogen unter dem Herzen. Kleine Zettelchen mit Beschwörungsformeln und anderes mehr wurde angeboten und mit sattem Gewinn verkauft. Viel Scharlatanerie wurde dabei getrieben.

In der Gymnasialbibliothek in Straubing findet sich eine Handschrift aus der 2. Hälfte des 15. Jahrhunderts, verfaßt von Paul Wann, einem berühmten Kanzelredner und Schriftsteller seiner Zeit, einem gebürtigen Kemnather. Diese 223 Blätter umfassende Handschrift enthält eine Sammlung von Heilvorschriften, darunter finden sich Rezepte gegen die Pest. Einige davon lauten:

„Diese Arznei ist gesandt von Paris dem würdigen Herrn Bischof von Würzburg für die Pestilen. Und ich hab Leut gesehen, die davon gesund sein worden, die auch vor der Arznei in solcher Krankheit gelegen haben. Also nimm ein frisches Ei und brich an der Spitze ein Löchlein drein und schütt den Dotter und das Eiweiß heraus. Dann fülle die Schale mit ungestoßenem Safran. Dann dringe mit einem Hölzlein fest hinein, also daß des Safran nichts hinein mög, und nimm ein Flecklein von einer anderen Eierschal und deck das Löchlein damit zu über dem Safran. Danach brat das selbe Ei mit dem Safran auf einem sanften Feuer eine halbe Stund oder länger, so, daß der Safran in der Eierschal nicht schwarz verbrennt. Und wenn die Eierschal von dem Bratgen braun wird, so tue sie vom Feuer. Dann lege sie auf eine Waage, und weg so schwer Senf gegen die Eierschal mit dem Safran, danach wäg auch Triackers (Theriack, altes Universalheilmittel aus verschiedenen Bestandteilen wie z. B. Opium) so

schwer, als die selbe Eierschale. Danach stoße die selbe Eierschal mit dem Safran klein in einem Mörser. Und wenn es kleingestoßen ist, so wirf den gewogenen Senf und den gewogenen Triacker in den Mörser zu dem gebrannten Ei und stoß sie alle drei miteinander, bis es wird als ein Latwerg (Mischung) und wenn die Pest einen Menschen berührt, so gib ihm von der selben Arznei so viel, wie eine Haselnuß, so schwärt ihm die Pest zu dem Füßen heraus.

Aber ein anderes: Will der Mensch sicher sein in dem Sterben, der nehm Schißmelde (Gänsefußgewächs) und Hollerblätter, jedes gleich, und weißen Ingwer und das alles wolle gepulvert sein und gestoßen und trink das mit weißem Wein 9 Tage lang, so ist er ohne Sorge. Auch wer sicher will sein in der Zeit, der nehme Salbeiblätter und Hollerblätter, eins soviel wie das andere und siede das mit gutem Wein und trinke das nüchtern, ehe er ausgehe.

Und wenn ihr schlafen geht, so nehmt Lorbeer und Kranawittbeeren (Wacholder) und vermischt sie und brennt das auf einer Glut in eurer Schlafkammer mit versperrtem Fenster und den Rauch, der davongeht, den zieht in den Mund und in die Nasen. Ihr sollt auch des Morgens nicht lange fasten und euer erstes Essen soll sauer sein und was ihr untertags Saueres geniesen möget, in eurer Speiß sollt ihr geniessen täglich Essig. Und wenn ihr Krankheit an euch empfindet, wenn ihr schlafen geht, so nehmt 3 Pillen die gemacht sind aus Mastix und Aloe und das ist der ganze Aufwand. Und sollt allweil fröhlich sein und scherzhaft und selten zornig und des Morgens, so ihr aufsteht, genießt Raute, die gestoßen ist und eßt eine Nuß oder zwei und tragt stets etwas bei euch in der Hand, das wohl schmeckt."

Das sind nur einige Rezepte von Hunderten. Viele hat Heinrich Stromer, der Auerbacher in Leipzig, in seinen sehr erfolgreichen Pestschriften unter die Leute gebracht.

„ . . . als in die herrliche Stadt das Pestübel gelangte“

Der Pestverlauf

Bereits in der Bibel berichtet das erste Buch Samuel von der Pest unter den Philistern: *„Gott schlug die Philister, klein und groß, daß die Beulen an ihnen hervorbrachen. Es war die Bundeslade im Lande der Philister sieben Monate, und wo sie hinkam, da kamen die Beulen unter das Volk. Die Beulen entstanden an den Schamteilen“*. Noch einige Male wird im Alten Testament eine Seuche genannt, bei der es sich offensichtlich um die Beulenpest handelte.

In den Schriften des berühmten Arztes Hippokrates (460-375) wird an mehreren Stellen die Bubonenpest erwähnt. Auch später beschrieben uns Ärzte immer wieder die Symptome dieser Krankheit. Bei der „Pest“ in Athen, die uns Thukydides belegt, handelt es sich vermutlich um Flecktyphus. Bis ins Mittelalter hinein hat man jede Seuche und ansteckende Krankheit als „Pestilenz“ bezeichnet. Trotzdem ist die „attische Pest“ von 430 v. Chr. wie sie Thukydides überlieferte sehr wichtig, denn die Beschreibung dieser Seuche dient in späteren Beschreibungen oft als literarischer Topos (fester Begriff). Der Chronist der Pest in Sulzbach bezieht sich ausdrücklich auf die Pest in Athen. Bereits bei Thukydides werden Reaktionen der Betroffenen erkennbar, wie sie bei späteren Epidemien in ähnlicher Form immer wieder in Erscheinung getreten sind.

Wie man später die Juden verdächtigte, durch Brunnenvergiftung die Pest verursacht zu haben, so unterstellte man in Athen den Mitgliedern des Peloponnesischen Bundes, die Zisternen vergiften zu haben. Die Verödung der Häuser, Sterbende ohne Hilfe, Massengräber, all diese Erscheinungen begegnen uns in späteren Berichten immer wieder. Schon Thukydides gibt der wachsenden Sittenlosigkeit die Schuld an der Epidemie. Angesichts des Todes reagieren die Menschen genauso, wie ein Jahrtausend später: Während die einen in dumpfer Hoffnungslosigkeit auf den Tod warten, *„gaben sich andere Gelüsten hin, denen man früher höchstens heimlich gefrönt hatte. Weder die Furcht vor den Göttern noch Gesetze des Menschen – nichts konnte sie im Zaume halten.“* (Thukydides)

Bis zur Zeitenwende sind uns aus der Literatur etwa 40 Epidemien bekannt. Nach Christi Geburt waren es vor allem die Pocken, die zu Massensterben führten. Seit dem 6. Jahrhundert mehren sich die Belege für die Beulenpest. Am schlimmsten wütet sie um das Jahr 542 unter der Regierung des Kaisers Justinian, wonach sie auch die „Justinianische Pest" genannt wurde. Innerhalb von fünf Jahren wurde die ganze damals bekannte Welt verseucht. Die Länder des Mittelmeeres wurden anschließend in mehrjährigen Abständen immer wieder davon erfaßt. Auch Deutschland wurde von der Justinianischen Pest ergriffen, besonders die Rheinlande um Bingen und Mainz. Im Jahre 552 wütete die Seuche unter den Alemannen und drang bis an die Grenze zu den Bajuwaren vor. Immer wieder flammte die Seuche in Deutschland auf. Forscher halten eine Zahl von 100 Millionen Toten während der ganzen Periode bis 594 für möglich, dramatische Umwälzungen folgten. Ganze Völker kamen in Bewegung und wanderten in Gebiete ein, die durch die Pest entvölkert worden waren. Landwirtschaft, Handel und Verwaltung brach zusammen. Eine der Justinianischen Pest vergleichbare Katastrophe ereignete sich erst wieder 750 Jahre später. Dazwischen gab es immer wieder Pestzeiten, doch blieben diese räumlich begrenzt. Besonders zu erwähnen ist hier die Pestepidemie in Rom im Jahre 680. Die Seuche soll aufgehört haben, als die Bewohner der Stadt dem heiligen Sebastian eine Kirche gelobten. Seit jener Zeit gilt St. Sebastian als der Pestheilige schlechthin. Seine Gebeine wurden 824 eigens zur Abwehr der Seuche nach Soissons gebracht.

Mit einem weltweiten Atomkrieg vergleichen Seuchenforscher die nun folgende Katastrophe, die weit besser dokumentiert werden kann, als die früheren, da zahlreiche Quellen darüber berichten.

Der Herd dieser Pestepidemie lag wahrscheinlich in Zentralasien. Über Karawanenstraßen wanderte die Seuche nach Astrachan, folgte der Wolga und dem Don und traf 1347 in Caffa am Schwarzen Meer erstmals auf eine europäische Bevölkerungsgruppe, auf die Genueser, die hier eine Handelsniederlassung hatten. Es kam öfters zu Konflikten mit den Tartaren. Diese belagerten im Frühjahr 1347 die Stadt. Die Truppen des Khan Djam Bek wurden dabei von der Pest ergriffen. Bevor man abzog, ließ der Khan noch einige Pestleichen über die Stadtmauern katapultieren, damit die Christen „verpestet" würden, wie er gesagt haben soll. Von hier nahm die Katastrophe für Europa ihren Anfang.

Am Ende des Jahres 1347 erreichte die Pest in Konstantinopel ihren Höhepunkt. Im Oktober darauf liefen 12 Genueser Galeeren Messina an. Der Großteil der Besatzung war bereits gestorben, der Rest schwer erkrankt. In Sizilien wurde Hafen um Hafen verseucht. Die Mutterstadt Genua verweigerte den Schiffen das Einlaufen. Diese drehten nach Marseille ab, wo man die infizierten Matrosen aufnahm. Schnell erreichte die Seuche das Hinterland, andere Schiffe transportierten die tödliche Fracht arglos weiter. Am 1. Januar 1349 kam die Pest nach Pisa, am 25. Januar wird sie aus Venedig gemeldet und nach und nach verbreitete sie sich über ganz Europa. Wegen der schwarzen Flecken, die sich um die Flohbisse bildeten, hieß die Krankheit der „Schwarze Tod". Alle Augenzeugen waren entsetzt, mit welcher Schnelligkeit die Leute von der Krankheit erfaßt wurden und oft innerhalb von Stunden starben. Zahlreiche Augenzeugen berichten darüber. Mit am erschütternsten ist die Beschreibung Boccaccios im Eingangskapitel seines „Dekameron".

Ganze Stadtviertel, ganze Dörfer starben in kürzester Zeit aus. Der Seuche folgte die Hungersnot und oft auch die Pocken. Ein Drittel bis die Hälfte der Bevölkerung Europas starb, nach Schätzungen etwa 18 bis 25 Millionen Menschen. Die Seuche hinterließ in geistiger, sittlicher und wirtschaftlicher Hinsicht in der westlichen Welt unauslöschliche Spuren. Schnell wurden Sündenböcke für die Krankheit gefunden. In Südfrankreich kam es zu Judenverfolgungen. In anderen Gebieten verdächtigten die Bewohner die Engländer. Dörfer und Städte wurden bewacht, nur bekannte Personen durften passieren. Fand man bei Reisenden unbekannte Salben oder Pulver, so mußten die Besitzer diese schlucken, da man diese für das Pestgift ansah. Gelehrte stellten fest, daß die große Konjunktion der Planeten Saturn, Jupiter und Mars am 20. März 1345 die Ursache der Krankheit sei. Höchst unterschiedliche Verhaltensregeln wurden von den Ärzten ausgegeben. Manche Traktate hielten bereits Blickkontakt mit den Pestkranken für ansteckend und schlugen vor, die Infizierten sollten bei der Behandlung die Augen schließen oder mit einem Leintuch sich abdecken. Bereits in diesen ersten Vorschriften tauchten Rezepte und Maßregeln auf, die in den folgenden Jahrhunderten immer wieder genannt wurden und sich dabei kaum veränderten.

Einige wenige Landstriche sind verbürgt, die während der Epidemie 1348/50 von der Pest verschont blieben. Dazu gehörte auch der Oberpfälzer und der Bayerische Wald.

Von 1348 bis 1666 herrschte fast ohne Unterbrechung immer irgendwo in Europa die Pest. Trotzdem werden für die Zeit nach 1350 die Zeugnisse darüber weniger. Die Menschen scheinen müde geworden zu sein, viele Worte über das Sterben zu machen. In vielen Chroniken wird oft nur ein paar dürren Worten und mageren Zahlen die Pest erwähnt. In der Steiermark zählten die Chronisten von 1349 bis 1664 über 70 Pestjahre. Ab dem Jahr 1600 wird fast jedes Jahr eine große Epidemie gemeldet. Besonders schlimm wütete die Pest 1628/29 in Frankreich, 1630/31 in Italien und anschließend in Deutschland.

In der Oberpfalz ist hauptsächlich das Pestjahr 1634 noch in Erinnerung. Fast kein Ort wurde damals verschont. Diesem Jahr war mit dem Durchzug der Schweden auch eines der schlimmsten Kriegsjahre des Dreißigjährigen Krieges vorausgegangen. Das Verhalten der Bevölkerung und die Maßnahmen des Staates ähneln sich überall. Häufig ist zu lesen, daß jener Arzt, der als erster die Symptome der ausbrechenden Seuche erkannte, von seinen Amtskollegen verhöhnt und verspottet wurde, manchmal auch gleich verhaftet. Die Seuche wurde dann abmildernd als bösartiges Fieber bezeichnet, das durch verdorbene Speisen verursacht worden sei. Die Pestgerüchte wurden unterdrückt, um eine Panik zu vermeiden und um die Handelsbeziehungen nicht zu stören. Immer wieder wurden einzelne Personen als Giftstreuer verdächtigt, meist waren es Ausländer, die nicht selten mit dem Tod büßen mußten. Auch Ausschreitungen und Orgien von Krankenwärtern wurden gemeldet, lebende Kranke abtransportiert und in Massengräber geworfen, Mädchen erhängten sich aus Angst vor den Wärtern. Immer wieder wurde die Hilflosigkeit der Ärzte deutlich, auch wenn inzwischen zahllose Maßnahmen gegen die Krankheit ergriffen wurden: Quarantäne, Wachen an den Toren, Verbrennen der Habseligkeiten, Kennzeichnung von Pesthäusern, Gründung von Pestlazaretten, Pestkommissionen, Pestordnungen. Überall gab es enorme Schwierigkeiten, der Bevölkerung die Maßnahmen zu erklären und sie durchzusetzen. Nachdem den Hehlern Straffreiheit zugesichert worden war, kam in Rom im Jahre 1656 ungeheuere Massen verpesteten Geräts zum Vorschein, das ausgeräuchert werden mußte.

Aus eigenem Erleben schildert Daniel Defoe die Verhältnisse in London während der Pest von 1664/66. Hier kam das Gerücht auf, wer geschlechtskrank sei, der werde verschont. Andere glaubten durch holländische Tabakspfeifen gegen die Seuche gefeit zu sein. In London waren es die Katholiken, die man für die Verursacher der Seuche hielt. Schnell war man bei der Hand, den Bewohnern infizierter Ortschaften den Zugang zum eigenen Territorium zu verweigern. So geschah es auch mit Frankfurt, als sich in den ersten Oktobertagen des Jahres 1665 die Pest zeigte, daß Venedig sofort ein „bando per occasione di peste" (Pestbann) schickte, wodurch den Bewohnern der Stadt Frankfurt der Zugang zur Republik Venedig verboten wurde. Zahlreiche Städte und Regierungen schlossen sich an: so z.B. Hessen, Kurbayern, Straßburg, Basel, Ulm, Augsburg, Nürnberg, Regensburg, St. Gallen, Mailand. Der Magistrat gab sich alle Mühe, den Nachbarstädten die beginnende Seuche als belanglos hinzustellen, obwohl in den Folgemonaten die Sterberate schnell anstieg. Mainz ließ sich täuschen und der dortige Kurfürst erklärte das Pestgerücht für irrig, während andere Städte ihren Bann aufrecht erhielten. Schließlich mußte der Stadtrat seinen Bürgern die Seuche eingestehen und bat in diplomatischen Verhandlungen mit dem Fürstbischof von Würzburg und der Reichsstadt Nürnberg um Wiederaufnahme des Handels. Amtsärzte bezeugten die gute Luft in der Stadt. Noch immer starben wöchentlich mindestens 90 Personen, die vom Magistrat auch zugegeben wurden. Frankfurt bannte sogar Mainz, als hier die Seuche offensichtlich geworden war.

Zum Beginn der Pest in Wien wurde 1678 ebenfalls versucht, die Krankheit zu vertuschen, um die Feste in der kaiserlichen Residenz nicht zu stören, wie es hieß. Als die Katastrophe offensichtlich wurde, floh der Hof nach Maria Zell, dann nach Prag. In Wien starben in diesem Zeitraum an die 150.000 Menschen. Der Barockprediger Abraham a Sancta Clara verfaßte daraufhin seine eindringliche Pestschrift „Mercks Wien". Nach dieser Zeit werden die Pestnachrichten in Europa immer seltener, auch wenn sie nie ganz versiegen wollen. Eine letzte, große Pestepidemie erfaßt um 1713 noch einmal Ungarn, Österreich, Böhmen und Bayern. In Regensburg starben um die Jahreswende 1713/14 an die 8500 Menschen. Am 6. Mai 1714 konnte die Sperrung von Regensburg aufgehoben werden. Die Pest war zum letzten Mal in Bayern und der Oberpfalz aufgetreten.

„. . . von hundert bleiben drei"

Die Pest in der Sage

Zahlreiche Erinnerungen an die Pest haben in der Sage überlebt. Oberpfälzer Sagen überliefern uns, wie sich die Leute die Pest vorgestellt haben. Der Volksglaube kennt viele Zeichen, die die Pest ankündigen sollen.

In Waldkirch stellte man sich die Pest als nackte Frau vor, in schöner Gestalt, mit einem Schurzfell bekleidet, mit einem viereckigen Gesicht. Man glaubte, sie käme aus Frankreich und sende Pestfliegen aus, die das Fleisch infizieren würden. Auch könne die Pest von einem Bienenschwarm begleitet sein. In Falkenstein war man der Ansicht, daß im Spätherbst Fleischfliegen in großer Zahl die Seuche ankündigen würden. Diese Fliegen würden einen honigartigen Geruch verbreiten, die Menschen würden danach sterben „wie die Fliegen". Auch in Gefrees und Neuenhammer galt die Fliege als Pestüberträger. In Neuenhammer soll ein Handwerksbursche die Pestfliege aus der Fremde mitgebracht haben. In Windischeschenbach hütete ein Hirtenknabe seine Tiere, als er in einem Feldstein einen Stock stecken sah. Als er diesen Stock entfernte, kam eine Fliege heraus und hinter ihr Rauch und sogleich brach die Pest aus. Später bemerkte der Hirte, daß die Fliege immer an der gleichen Stelle aus- und einflog. Als er die Öffnung wieder mit einem Stock verschlossen hatte, hörte die Seuche sogleich auf. In Bärnau war die Pestfliege in ein Loch im „Rousbaam" (Tragebalken des Hauses) geflogen und dort hat sie jemand verpflockt. In Roding hatte ein Pestkranker die Fliege in einem Wurmloch verkeilt. Als er sie wieder freiließ, wurde er erneut von der Seuche ergriffen.

Vögel galten als Pestankünder. In Neuenhammer waren es Dohlen, in Burglengenfeld hatte der Pestvogel die Größe eines Storches, war schwarz und hatte ein weißes Kreuz auf dem Rücken. Er setzte sich auf die Dächer und rief: *„Ui, Ui, Ei, Ei, von hundert bleiben drei."* Er war von Schwandorf gekommen, wo er zuvor schon die Krankheit angekündigt hatte. Auch in der Nähe Ambergs war der Pestvogel bekannt.

Sehr plastisch stellten sich die Bärnauer die Pest vor: Sie war die „Zammrechari", die zusammenrechnete, was der Schnitter Tod mit seiner Sense niedergemäht hatte. In Pfatter bat ein zittriger

Greis in zerlumpten Kleidern um die Überfahrt über die Donau. Der Mann fragte den Fährmann, ob er ihn kenne. Als dieser verneinte, sagte der alte Mann: „So wirst du mich kennenlernen." So kam die Pest nach Pfatter. In diesem Fall wird deutlich, daß die Menschen glaubten, natürliche Grenzen, wie z.B. Flüße könnten die Ausbreitung der Krankheit verhindern, wenn es den Fährmann nicht gäbe, der die Seuche übersetzt.

Vögel kündigten nicht nur die Pest an, oftmals rieten sie zur Verwendung bestimmter Heilmittel. Als man in Neustadt/Wn. gegen die Pest zu Ehren des hl. Felix eine Kirche baute, flog eine Ente über diese Kapelle, die dazu riet, Pimpinelle zu essen, dann bleibe man verschont. In Waldkirch rief ein Vöglein während der Epidemie immer wieder: *„Eßt Bibernell, dann sterbt ihr nicht so schnell."* Auch die sagenhaften Holzfräulein, die in Pleisdorf die Pestkranken gepflegt hatten, rieten: *„Grabts Pimelln, es wird euch nichts fehl'n."* In Eslarn sangen die Vögel: *„Tout's Pumlwurz grobn, dann tout's Leben davon trogn."*

Neben den erwähnten Pestvögeln und Pestfliegen galten noch andere Zeichen als Künder kommender Seuchen, so z.B. Erdbeben und Kometen. Als in Regensburg eines Morgens die Sonne von 8 bis 10 Uhr zuerst feuerrot, dann grün, dann gelb leuchtete und im folgenden Jahr Landleute sonderbare Gebilde aus dem Regenstaufener und Kallmünzener Gebiet und aus dem Sauforst nach Regensburg brachten, die an den Bäumen gewachsen waren, wurde alles als Hinweis auf eine kommende Seuche gedeutet.

Der Abt Macharius von Waldsassen hatte zu Beginn des 14. Jahrhunderts folgende Vision: Ein Engel trat vor den Thron Gottes, zerbrach ihn in Trümmer und schleuderte die Trümmer auf die Erde. Jeder, der von ihnen berührt wurde, mußte sterben. Weiter heißt es: In jenem Jahr kam das große Sterben oder die Pest über die Menschen jenes Gebietes. In der Überlieferung sind uns oft diejenigen, die die Seuche in den Ort brachten namentlich genannt und oft werden auch die letzten Überlebenden erwähnt.

In Bärnau überlebte ein Hutmacher mit seiner Frau bei der Stadtmühle. Als 1634 der Holzmüller nachsehen wollte, wieviele Leute in Wendersreuth noch am Leben waren, fand er nur noch zwei Männer auf dem Feld vor – einer zog den Pflug, der andere ackerte. Es waren die einzigen Überlebenden. Aus Schwandorf wird die Geschichte eines 12-jährigen Mädchens überliefert, das auf dem Sterbebett in die Hände klatschte und für die folgende

Nacht seinen Tod vorhersagte. Auch verkündete es den Tod der Mutter und aller umstehenden Verwandten und sagte ihnen die Todesstunde voraus – und alle starben.

In Erinnerung sind oft noch Massengräber für Pesttote, in deren Nähe es nicht selten spukt. Entweder begrub man die Toten in einer später unbenutzten Ecke des Friedhofes, wie z.B. in Degerndorf bei Parsberg, oder die Toten wurden außerhalb des Gottesakkers bestattet, wie in Langenerling oder in Hochdorf. In einigen Fällen wurden auf den Massengräbern zur Erinnerung Pestkreuze oder Kapellen errichtet. In der Nähe von Mauth, bei der Einöde Elend, steht so ein Pestkreuz. Hier wollen Wanderer Irrlichter bemerkt haben, die in Richtung Nittenau und Wolfersdorf-Pettenreuth den Friedhöfen zuschwebten. Neben einem unbußfertigen Tod drohte den Sterbenden durch die Pest auch noch die Gefahr, in ungeweihter Erde bestattet zu werden. Steinkreuze, meist als Sühne für einen Totschlag errichtet, werden in einigen Gegenden als Pestkreuze bezeichnet. In den meisten Fällen wurden die Pestfriedhöfe bald vergessen, da sie selten besonders gepflegt wurden. Einige wenige sind uns heute noch bekannt. Manchmal weist eine Sage, ein Flurname oder auch eine Pestsäule auf ein Massengrab aus der Pestzeit hin. Im Garten des Pestinhofes auf dem Unteren Wöhrd in Regensburg wurde am Ende der Pest im Jahr 1714 für die verstorbenen Opfer der Seuche ein Gedenkstein errichtet, der sich heute rechts vom Eingang der Dreifaltigkeitskirche in Steinweg befindet. Zwei Pestsäulen in Hirschau erinnern ausdrücklich an die Pest von 1634.

An die Legende des hl. Rochus erinnert die Sage vom Pesthündlein in Regensburg. Bis 1967 fand sich am Haus Posthorngäßchen 3 eine Steinplatte mit der Darstellung eines Hundes. Der Sage nach lagen Bewohner dieses Hauses krank darnieder. Nur ein kleiner Hund blieb von der Seuche verschont. Niemand wagte sich in das Haus. Da nahm das Hündlein einen Korb und brachte den Kranken Lebensmittel. Als die Seuche nachließ fand ein Bekannter das halbverhungerte Tier. Der Besitzer und die übrigen Hausbewohner waren an der Pest gestorben. Der Mann hatte Erbarmen mit dem Hündchen und nahm es zu sich. Zur Erinnerung an die große Not und das treue Tier ließ er eine Steinplatte mit dem Relief des Hundes am Haus anbringen.

„ . . . ob sie nit von Orten kommen, wo die Infection regieret"

Staatliche Maßnahmen gegen die Pest

Auch wenn die Menschen nicht wußten, wie die Pest übertragen wurde, so glaubte man bald, daß die Seuche durch erkrankte Personen oder durch verseuchte Gegenstände übertragen werden konnte. Schon bald nach dem Auftreten der Pest trafen die Behörden entsprechende Maßnahmen, schufen Gesetze und Verordnungen. Die Vorschriften ähneln sich in den meisten Fällen.

Ein sehr früh angewandtes Vorbeugemittel war die Quarantäne, die bis zu 40 Tage dauern konnte, daher auch der Name. Ein anderes war die Absperrung einer Stadt oder eines ganzen Gebietes. Aus diesen Maßnahmen entstanden meist große finanzielle Nachteile, wodurch derartige Maßnahmen leicht ein Politikum werden konnten. Ein sehr frühes Pestmandat aus Regensburg, es stammt aus dem Jahre 1412, befahl, daß niemand Personen, die aus verseuchten Orten kamen, Unterschlupf gewähren durfte. Diese Warnung wurde jährlich im Wachgeding verlesen. Doch wurden diese Vorschriften offensichtlich sehr nachlässig befolgt. In den nachfolgenden Jahrhunderten begegnen uns immer wieder die gleichen Ermahnungen fast in jedem Pestmandat. Besonders die Wirte wurden ermahnt, wie etwa im Reichsdekret von 1592, keine Personen *„so von anderen Orten dergleichen contagiöse Kranckheiten regieren herkommen"* bei sich aufzunehmen. In Seuchengefahr wurden die Torwachen in der Regel verstärkt und ihnen eine besondere Sorgfalt aufgetragen. Im Regensburger Mandat von 1611 heißt es z.B., daß alle hier Zureisenden *„mit gebührender Bescheidenheit und Glimpf"* zu befragen seien *„bei dem Gelübd an leiblich geschworener Eidstatt . . . wer sie seien, wie sie heißen, von wannen und ob sie nit von Orten und Enden kommen, wo die Infection regieret"*. Keine fremde Person, sei sie auch noch so befreundet, dürfe bei sich zu Hause aufgenommen werden. Das Absperren infizierter Ortschaften nannte man „bannisieren". Reisende aus bannisierten Orten durften auf keinen Fall die Stadtmauern passieren. Eine Liste von gebannten Orten wurde öffentlich bekannt gegeben. Beim Verlöschen der Seuche wurden die betroffenen Orte wieder „relaxiert". Neben der Befragung der Reisenden und dem obenerwähnten „Infektionseid", bei dem der Reisende schwören mußte, in den letzten vier Wochen an keinem bannisierten Ort gewesen zu sein, gab es bei der Abreise aus einem gesunden Ort eine sogenannte „Fede“, eine Art Gesundheitspass oder Unbedenklichkeitsbescheinigung. Die Fede bescheinigte, daß an dem Ort, wo sie ausgestellt wurde, gute Luft und keine Seuche herrschte. Um bei Seuchen die Reisenden noch genauer überprüfen zu können, wurden die Einwohner der Städte zur Verstärkung des Wachdienstes herangezogen, in manchen Fällen wurde auch Militär eingesetzt. Vagabunden und Bettlern verweigerten die Behörden die Aufnahme in die vor den Toren errichteten Contumazhäusern (Quarantänehäuser). Juden und Hausierer wurden grundsätzlich nicht mehr in die Stadt gelassen.

Am 24. Oktober 1639 erging von der herzoglichen Kanzlei in Sulzbach ein Schreiben an die Stadt: Da in benachbarten Orten, auch in Amberg, die böse Seuche bemerkt worden sei und *„bei nächsten Sonntag einfallender Kirchweih die benachbarten Kramer und andere sich allhie eindringen“* und so die Stadt gefährden könnten, erging der Befehl, den Jahrmarkt aufzukündigen und niemand aus infizierten Orten *„als: Prag, Neustädtlein an der Waldnaab und Amberg“* in die Stadt zu lassen. 1645 bittet der Rat der Stadt Sulzbach die Orte Amberg und Haselmühl bannisieren zu lassen, was auch geschah. Während des Dreißigjährigen Krieges kümmerten sich Hofmarken, Märkte und Städte noch weniger als sonst um die obrigkeitlichen Pestmandate. In jeden Distrikt wurden „Commissarii“ geschickt, um die Ausführung der Anordnungen zu kontrollieren. Als bei der Regierung in Amberg angefragt wurde, warum bisher keine Pestinquisition aufgestellt worden sei, wurde geantwortet, die Krankheit sei überall eingerissen, Regensburg genommen, alle Dörfer und Städte mit Ausnahme Ambergs seien geplündert, es herrsche großer Hunger, der Rentmeister habe kein Geld, und geeignete Beamte habe man auch nicht. Am 24. Oktober 1633 schreibt der Kurfürst kurz und bündig: Es gäbe genügend Beamte und es seien umgehend Commissare zu ernennen. Der Rentmeister fragt zurück, wie er die Pestkommissare finanzieren solle, da kein Geld in der Kasse sei und von den Ämtern kaum Einkünfte eingehen würden.

Um wenigstens etwas Geld in die Kassen zu bekommen, war ein funktionierender Handel von großer Bedeutung. Er durfte durch die Maßnahmen gegen die Seuche nicht grundsätzlich zusammenbrechen. Nachdem 1627 ein ausführliches Bettelmandat (Gesetz gegen Bettelei) erlassen worden war, gingen die Behörden im Rahmen der Seuchenverordnung besonders streng gegen *„schlechte Krämer, Hausierer, Hugner, Puttentrager und Landfahrer"* vor. Häufig wurde nun diesen Personengruppen der Einlaß in die Städte verwehrt.

Ebenfalls sehr streng war das Mandat, das Pfalzgraf Theodor von Sulzbach 1713 erließ und die Einfuhr von Waren aus verseuchten Orten betraf: Falls irgendwo Waren aus verseuchten Orten gefunden wurde, mußten diese sofort unter freiem Himmel verbrannt werden, das Zugvieh erschossen und vergraben werden, Händler, die aus pestfreien Orten kamen, hatten dies durch Pässe zu belegen. Waren ohne Herkunftsnachweis sollten wie verseuchte Objekte behandelt werden. Nach Dr. Andräas war ein großes Hindernis der Abwehrbemühungen der Behörden das zahlreiche, kaum zu kontrollierende Volk der wandernden Bettler, Hausierer, Zahnbrecher usw. Die Flut ließ sich durch die vielen Bettelmandate nicht eindämmen. Aber auch die schärfsten Strafen und die strengsten Wachen konnten die Kontakte der Stadtbevölkerung mit den Bewohnern des Umlandes nicht verhindern. Durch die verwandtschaftlichen Beziehungen mit den Bewohnern der umliegenden Dörfer, durch Bestechung und Schmuggel kamen die Krankheitserreger trotzdem in die Stadt.

Sehr genau informiert sind wir über die Maßnahmen, die in Regensburg während der Pest von 1713/14 ergriffen wurden. Im Herbst 1712 war die Pest von Ungarn aus nach Wien gebracht worden, die dort verheerend um sich griff. Aus Wien kommend, landeten vor dem Unteren Wöhrd in Regensburg zwei oder drei Schiffe mit Wiener Juden, die bereits krank waren. Wie sich die Stadtverwaltung Regensburgs in diesem Fall verhielt, darüber gibt es widersprüchliche Meldungen. Der Chronist Buzinger wirft dem Senat der Stadt vor, keine Vorsichtsmaßregeln ergriffen zu haben, obwohl die Gefahr bekannt gewesen sei und andere Orte an der Donau den Juden das Anlanden verboten hatten.

Dagegen berichtet Alkofer, daß den Juden trotz inständiger Bitten der Eintritt in die Stadt verweigert worden sei. Wie nun die Seuche in die Stadt kam, überlieferte uns der Chronist Eibelhuber:

Eine Schnapshändlerin, Schömerin mit Namen, habe die Pestflüchtigen auf ihren Schiffen mit Schnaps versorgt und die Seuche in die Stadt gebracht, wo sie über acht Monate, von September 1713 bis Mai 1714 herrschte. Die Stadt wurde hermetisch abgeriegelt. Nur gegen Vorlage eines „Vorzeigers“, also eines Passierscheins, durften ausgewählte gesunde Personen den nach Kumpfmühl verlegten Wochenmarkt besuchen und die Stadt mit Lebensmitteln versorgen. Trotz dieser Maßnahmen gab es in Kumpfmühl 15 Pesttote. Den Bewohnern Kumpfmühls war es untersagt, ihre Pfarrkirche aufzusuchen. Der Gottesdienst wurde unter freiem Himmel auf dem Friedhof abgehalten. Unter den Kumpfmühler Toten war auch der Pestseelsorger P. Cassian Schleicher, dem die Bewohner an der Friedhofsmauer einen Grabstein setzten. Bis ins letzte Jahrhundert gedachten die Gläubigen am Fest des hl. Sebastian in einer Wallfahrt nach Kartaus-Prüll, wo ein sog. Pestgottesdienst stattfand, der Toten jener schlimmen Zeit.

Als sich die Seuche im Juli des Jahres 1713 in Regensburg immer weiter ausbreitete, verließen kurz vor der Bannisierung der Stadt noch zahlreiche Bürger und Mitglieder des Immerwährenden Reichstages die Stadt. Schätzungsweise 7000 Personen dürften die Flucht ergriffen haben, darunter auch der Gesandte von Braunschweig-Lüneburg, der aber auf der Flucht starb und von seinem Diener nach Regensburg zurückgebracht wurde, wo man ihn begrub. Bayern schickte kurz nach der Abreise des Reichstages zwei Pestkommissäre und einen Leutnant mit 25 Husaren. Diese umstreiften mit gezogenem Säbel Tag und Nacht die Stadt und überwachten die Sperre. Nicht einmal die Feldfrüchte vor den Toren der Stadt durften geerntet werden. Unter den Augen der „Confinwachen“ mußten auf dem Wochenmarkt in Kumpfmühl die Waren verkauft werden. Um die Passierscheine nach Kumpfmühl hatte es ein riesiges Gedränge gegeben und die ausgegebenen Passierscheine mußten auf Drängen der Pestkommissäre von 80 auf 20 reduziert werden.

Um den Postverkehr mit der isolierten Stadt aufrecht zu erhalten, bediente man sich einer eisernen Truhe, die an einer Kette befestigt war. An der Steinernen Brücke gab es beim sog. Schneller ein Einlaßtürchen, wo die Truhe mit der einlaufenden und auslaufenden Post deponiert wurde.

Gleich zu Beginn der Seuche, im September 1713, begannen die Bürger von Steinweg und Stadtamhof mit dem Bau der Dreifaltigkeitskirche auf dem Geyersberg, dem heutigen Dreifaltigkeitsberg. Noch länger als Regensburg war das Dörflein Hochdorf gesperrt, das von einer Botin, die in Regensburg gewesen war, angesteckt wurde. Neun Monate war dieser Ort unter Quarantäne und nur neun Einwohner überlebten die Seuche, berichtet die Sage.

Pestarzt in einer Schutzkleidung. Kpfr. von Paulus Fürst nach J. Columbina 1656. München, Kupferstichkabinet.

„... daß jedermann in Haushalten alle Ding sauber halt“

Sanitäre Maßnahmen

Außer Quarantäne und verschärften Kontrollen gab es am Anfang kaum Möglichkeiten, gegen die Pest vorzugehen. Eine gewisse Resignation machte sich breit. An Stelle ärztlicher Hilfe nahmen die Bürger lieber Zuflucht bei den Heiligen. Gegen das Sterben trugen die Einwohner Regensburgs 1407 die Särge des hl. Erhard, des hl. Emmeram und des hl. Wolfgang öffentlich um die Stadt. 1462, nachdem etwa 6300 Menschen der Seuche zum Opfer gefallen waren, verabredete das Domkapitel eine große Prozession am St.- Katharinentage. 1520 verbot der Magistrat schließlich die Wallfahrten zur „Schönen Maria“, da erkannt worden war, daß durch das Zusammenströmen großer Volksmassen die Seuche nur noch schneller verbreitet wurde.

Im Ratsschluß vom 3. Oktober 1634 wird zur Verhütung der Ansteckung verordnet, es sollen Bußpredigten gegen Hoffahrt, Unzucht und Feindschaft gehalten werden. Die Pest wurde als Strafe Gottes angesehen und durch die Besänftigung dieses Zornes glaubte man, würde auch die Pest aufhören. In vielen Pestmandaten wird die Bevölkerung vor einem lasterhaften Leben, Zügellosigkeit und Unmäßigkeit im Essen und Trinken gewarnt. Tanzen, leichtfertige Fröhlichkeit, Schlittenfahrten und lange Wirtshausbesuche gänzlich verboten, Hochzeitsgesellschaften auf nur wenige Personen beschränkt. Wer sich nicht an diese Vorschriften hielt, wurde bestraft.

Vielfach wurde „stinkende Luft“ als Ursache des Schwarzen Todes angesehen. In der von dem Kartäuser Griennewaldt abgefaßten Stadtchronik von Regensburg meditiert der Mönch einmal darüber, warum denn die Pest die Stadt so häufig heimsuche. Er meint: *„Warum solche so offt bey uns einkehren, als die Donau so an der Stadt fürläufft mit ihrem Dunst: und dass die Stadt unten her im Thal dabey liegt, die Lufft etwas schwehr und ungesund macht: it, dass die Häuser von Alters her engzusamm verbaut. . .“*. Da die schlechte Luft als Urheber der Seuche angesehen wurde, mußte besonders auf Reinlichkeit in der Stadt geachtet werden: So beschloß der Rat von Regensburg z.B. am 9.Juli 1584 folgendes:

„. . . dass jedermann im Haushalten alle Ding sauber halt / allem gestanck / unsauberkeit vnd vnlust verhiete vnd abwende / dagegen

mit reichern vnd wohlriechenden sachen allen vbeln geschmackh und gestanckh reinige. Es soll auch bey ernstlicher straff niemands Spielwasser / Harm / Bluet / Aass / Menschenkot – oder alles anders was eine Vnlust vnd gestank verursachet / in die Ausgüss der Häuser vnd Höff / vil weniger auff gemainer Stadtgassen / Pflaster den Pach / oder hinder die Mauern / wöder bey tag oder Nacht / schütten noch aussgiessen / sondern solches alles in die Thonav tragen. Also soll auch niemands den Mist in den Häusern oder Ställen vber acht tag halten / denselben nicht auff die Gassen noch hinder die Mawer / sondern vor den Toren avsser der Stadt schitten / oder auff die Acker vnd Felder führen lassen."

Die Stadt Regensburg versuchte auch aktiv, eine Verbesserung der hygienischen Situation zu erreichen, indem z.B. öffentliche Bedürfnisanstalten errichtet wurden. Die Bewohner sollten die „gemainen oder anderen sonderbaren Gemächheuser" aufsuchen, die Straßenreinigung sollte regelmäßig vollzogen werden und Schweine wurden grundsätzlich aus der Stadt verbannt. Wer trotzdem ein Schwein in der Stadt hielt, dem drohten 20 fl. Strafe.

Die Stadt Amberg hatte ebenfalls mehrere Verordnungen erlassen mit dem Ziel, die Hygiene in der Stadt zu verbessern. In der Bauordnung von 1552 werden Ausgüsse oder Wassersteine gefordert, damit die Gassen, die Vils und der Stadtgraben sauber blieben. Die Ableitung der Abwässer sollte über einen „Canal" oder Röhren erfolgen. Jedes Haus mußte ein „heimlich Gemach", also eine Toilette, besitzen, die während des Sommers und während des Tages nicht geöffnet und nicht gefegt werden durfte. Diese Toilette sollte von der Wand des Nachbarn 3 Schuh weit entfernt sein. Mist auf der Straße zu lagern war nur dem erlaubt, der von alters das Recht dazu hatte und dann durfte der Mist höchstens einen Monat lang dort gelagert werden. Neue Miststätten durften nur dann errichtet werden, wenn die Wand des Nachbarn, Keller und Brunnen dadurch nicht beeinträchtigt wurden, schrieb eine andere Verordnung vor.

Pfalzgraf Ludwig erließ 1563 ein Edikt *„um bei jetzt schwebenden Sterbsläufft mit guether Ordnung zuvürkommen"*. Hier wird wieder verlangt, alle Miststätten vor den Häusern „abzutun". Schon im Gesetzbuch von Amberg aus dem Jahre 1554 war das gleiche gefordert worden. In einem Nachtrag zu den Polizeigesetzen wird davor gewarnt „Koth, Stain, Mist" in die Vils, in den Stadtgraben oder Zwinger zu schütten, da die Vils ein „kleyn, eng und geschlossen Wasser ist." In dem Mandat des Pfalzgrafen von 1563 wurde davor gewarnt, mit Kranken zu verkehren und „unnotdürftige Versammlungen" zu besuchen. Der Handel mit Kleidern, Betten und Hausrat war verboten, ebenso das Wäschewaschen in Dörfern und Städten. Die Beize der Kürschner und Gerber durfte nur in fließendes Wasser geschüttet werden, ebenso Harn, die Farben der Färber und das Blut aus den Aderlaßstuben der Bader. 1598 verbot der Fürst zu Anhalt, er war derzeit Statthalter in Amberg, unnötige Besuche in seiner Kanzlei, als wieder einmal die Pestilenz umging. Die Pfleger durften dringliche Anträge der Untertanen zwar annehmen und Antworten durch Boten übermitteln lassen, diesen wurde jedoch aufgetragen „unreine Örter und verdächtige Wirtshäuser" zu meiden.

In verschiedenen Generalmandaten ist besonders die Behandlung der erkrankten Personen geregelt und es werden die verschiedenen Gegenmittel empfohlen, die zu trinken oder einzuatmen seien. Generalmandate stammen aus den Jahren 1596, 1598, 1605, 1625, 1634,1649. So wie in Regensburg erschien 1586 auch in Amberg eine eigenen Pestordnung, die gedruckt wurde und den Titel führte: *„Weß sich die Jren, so sterbläufte vorhanden, verhalten sollen."* Die Maßnahmen sind ähnlich denen, die wir schon aus Regensburg kennen. Zuerst wird empfohlen, sich nicht der Völlerei hinzugeben, sich der Tröstungen der Priester zu bedienen und besonders auf Reinlichkeit zu achten. Die Wohnungen sollten mit aromatischen Essenzen besprengt werden, keine fremden Kranken beherbergt und bei Begräbnissen durfte nicht mitgegangen werden. Kranke wurden in ihrem Haus abgesondert und Genesene durften zwei Monate lang mit Gesunden keinen Verkehr pflegen. Genesene durften keine Kirche, keine Schule, keine Wirtschaft, keine Badstube besuchen. Am Marktgeschehen teilzunehmen war ihnen gleichfalls untersagt. Gesunde durften die Kleider, Betten und Trinkgeschirre der Kranken nicht benutzen. Die Trinkgeschirre sollten nicht in öffentlichen Brunnen gewaschen werden. Um die Wäsche der Kranken zu waschen, hatte die Stadtverwaltung einen eigenen Platz bei der Hockermühle vorgesehen.

Die Toten mußten umgehend begraben werden, möglichst noch am selben Tag. Über Nacht Gestorbenen wurden gleich am nächsten Morgen zu Grabe getragen. In den Vorschriften für das Pestjahr 1634 wurde dem Regierungsmedikus Dr. Golke ausdrücklich verboten, infizierte Häuser aufzusuchen und er wurde angewiesen, nur das kurfürstliche Personal und die kurfürstliche Dienerschaft zu behandeln. Der Arzt und sein Gesinde sollten mit anderen Mitbewohnern möglichst wenig Kontakt pflegen. Die Angehörigen und die Bediensteten des Stadtarztes durften während der Seuche grundsätzlich nicht aus dem Haus.

Für das Verhalten der Ärzte im Seuchenfall gab es an fast allen größeren Orten genaue Vorschriften, wie z.B. in der Medizinalordnung von Regensburg, die 1706 erschien und wo es heißt:

„Was die Medici in Contagionszeiten zu thun: 1. Zu Contagionszeiten sollen vornehmlich diejenigen Medici so dazu bestellt vermög habender Instruktion und der Infektions Ordnung das ihrige getreulich thun. Die übrigen aber sollen zwar dermassen vorsichtiglich handeln, dass sie sich der Inficierten ausser des unvermeidlichen Notfalls und Gewissens Zwang enthalten, damit sie nicht ihr und anderer Kranken Leben verkürzen, benebenst auch für gewinnsüchtig und vermessen ausgeschrien werden; jedoch einige dank der christlichen Liebe diejenigen besuchen, welche wie gedacht Noth und Gewissenhalber zu besuchen sind, oder in denen Apothecken sich einfinden und durch Mittels-Persohnen ihre Patienten vergnügen und versorgen.

2. Wann die Herrn Medici und bevor die Herrn Physici ordinarii verführen, dass ansteckende Krankheiten Pest, Aussatz, rothe Ruhr, Lues venera und dergleichen über Handnehmen wollen so sollen sie es denen Herrn Deputirten hinterbringen, die es mit guter Behutsamkeit weiter werden bringenlassen, damit durch zeitigen Rath dem Uebel gesteuert werde, ehe es von einem Haus in das andere kommt, oder auch die Hausgenossen untereinander durch unvorsichtige unnöthige Gemeinschaft anstecken.

3. Der Pestilantiarius Medicus soll allein seinen Fleiss auf die angesteckten und verdächtigen Persohnen wenden, andere Krancke aber müssen gehen und nicht weniger seinem Gewissen nach seiner Amt versehen und sorgfältig dahin trachten, dass nicht weniger praeservativ als curative dem schleichenden Uebel begegnen und zeitlich vergebogen, auch sonst Tapfere Rettung gethan und niemand verabsäumt werde“.

Für ihre Dienste wurden die Pestärzte im übrigen gut bezahlt. Sie erhielten z.B. in Regensburg für den ersten Gang zu einem Kranken 1 Gulden, für jeden weiteren Hausbesuch 1/2 Gulden.

Als 1713 in Regensburg die eingeschleppte Krankheit als Pest diagnostiziert worden war, meldete der betreffende Arzt diesen Befund pflichtgemäß dem Magistrat, der sofort zwei Pestapotheken einrichtete und ein Sondergremium berief, das „Collegium sanitatis", dem in Regensburg zwei Direktoren des Almosenamtes, ein Konsulent und ein Protokollführer angehörte. Vier Ärzte wurden als Pestärzte bestellt. Zwei dieser vier Ärzte erkrankten während der Seuche, gesundeten aber wieder. Etwas anders als in Regensburg sah die „Praefectura sanitatis" in Amberg aus, der je ein Mitglied des inneren und äußeren Rates, jemand von der Gemeinde, der Stadtphysikus und der Stadtarzt, außerdem der Grubenmeister, eine Hebamme , ein Krankenzuträger, der Marktknecht und vier Totenträger angehörten. Die kurfürstlichen Kranken wurden in einem besonderen Lazarett versorgt. Ein eigener Bader war für sie zuständig.

Verbrennung von Pestschmierern.
Aus Sebastian Münsters Cosmographie

„. . . dahin man aus der Stadt die Krancken hat gebracht“

Das Pestlazarett

Eine frühe Schutzmaßnahme war die Absonderung der Kranken von den Gesunden. Der Rat von Regensburg hatte während der Epidemie von 1520/21 ein eigenes Haus für die Pestkranken angemietet, 1543 wurde ein städtisches Pestinhaus erbaut. Kein Infizierter war gezwungen, ins Pesthaus zu gehen. Am Anfang der Seuche von 1713/14 wollte kein Kranker in den Pestinhof auf dem Unteren Wöhrd gehen. Erst als bekannt wurde, daß durch das Geschick der Ärzte Leute Heilung gefunden hatten, drängte alles dorthin, daß sogar die Räume zu klein wurden.

Häufig blieben aber die Kranken in ihren Häusern, was zur Folge hatte, daß der Rat Häuser, in denen es zu Todesfällen gekommen war, rigoros zusperren ließ. In Amberg wurden einmal die Schlösser knapp, ein anderes Mal weigerten sich die Schlosser, Schlösser anzubringen, ehe diese vom Magistrat bezahlt worden waren.

In Regensburg wurde während der Pest von 1649 ein Lazarett auf dem Unteren Wöhrd errichtet. Dieser Pestinhof, ein Gebäude, das im übrigen heute noch steht, fand 1713 erneut als Pestlazarett Verwendung. In diesem Jahr wurden die Angehörigen von Pestkranken in einem Haus auf dem Oberen Wöhrd in Quarantäne gesetzt. Zuerst jedoch, als die Zahl der Pestkranken in Regensburg noch geringer war, reichten zwei Häuser in der Stadt als Pestlazarett aus. Erst als die Zahl der Kranken anstieg, besann man sich auf das ehemalige Gelände auf dem Unteren Wöhrd und weitere Krankenwärter, Pestinmänner, Totengräber und Chirurgii wurden verpflichtet. Das Gebäude wurde durch einen Bretterzaun, der quer über die Insel lief, von der übrigen Stadt abgesondert. Eine Wache sorgte dafür, daß niemand das Gelände verließ. Lebensmittel und Wäsche für die Insassen wurden dort abgeholt. Eine Abbildung dieses Pestlazaretts ist uns in einem Kupferstich von A. Friedrich überliefert. Darunter steht in einem Sonett zu lesen:

> Hier ist das Lazareth mit dem Prospect zu sehen /
> Dahin man aus der Stadt die Krancken hat gebracht/
> Und sie mit Medicin, mit Kost und Trost bedacht,
> Man sah arme Leut wohl selbst hinunter gehen.
> Die Träger mussten stets mit Sänfften fertig stehen /

Und vor die Todten fuhr der Wagen in der Nacht /
So Anfangs offen war / und endlich zu gemacht:
Das ist's / was diese Zeit in solchem Haus geschehen.
Doch etwas mangelt noch an diesem Kupffer-Blat /
Dass man der Krancken Weh nicht ausgedrucket hat /
Der beulen Brand und Schmertz / Carfunckel / Todes-Ringen/
Der Vorsatz / so uns Gott wird wieder gnädig seyn /
Doch dieses Letztere schliest unser Wandel ein /
Und jenes konnte man nicht in das Kupffer bringen.

Die Versorgung der Kranken kam der Stadt sehr teuer. Während der Seuche von 1713/14 hatte das Regensburger Almosenamt über 5000 Gulden aufzubringen. Der Pestarzt Dr. Agricola erhielt für seine Dienste allein 340 fl., an Spesen für eine eigene Dienstkleidung wurden ihm 14 fl. ausbezahlt. Für den geistlichen Beistand der Kranken sorgten in Regensburg die Jesuiten, die auf dem Quarantänegelände ein eigenes Gebäude besaßen. Reiche Leute brauchten sich nicht gemeinsam mit dem Pöbel auf dem Unteren Wöhrd einsperren lassen, für sie hatte die Stadt ein Gebäude im Stadtbereich angemietet, das jedoch nicht angenommen wurde. Dafür legten die Behörden die 50 aus Ulm angeworbenen Wärterinnen und Wärter in das Haus, bis sie auf die entsprechenden Stellen verteilt worden waren.

Das Pestlazarett hatte einen eigenen Hausmeister, dem das Küchenpersonal, die Wärter und das übrige Personal unterstellt war. Dieser Hausmeister, wie auch das übrige Personal des Pestlazaretts, war nicht unbedingt sehr vertrauenswürdig. Der Hausmeister im Lazarett des Jahres 1713 war ein Kaufmann, der wegen seiner hohen Schulden diesen Dienst hatte übernehmen müssen. Ein Pestinmeister war 1627 wegen vielfältiger Ehebrüche hingerichtet worden. Das übrige Personal war ziemlich zusammengewürfelt und oft nur gezwungener Maßen tätig, wie sich aus dem Rechnungsbuch des Almosenamtes für 1713 feststellen läßt. Häufig agierten die Pestinmänner richtig kriminell, wie die Chronisten Plato und Buzinger aus eigener Anschauung zu berichten wissen, wo es heißt, daß *„die Pestinträger fast alle Häuser ausgestohlen haben, selbst die in das Pestlazarett verbrachten Kleidungs- und Wäschestücke verschwinden liessen, so dass der Rat der Stadt sich genötigt sah, nachdem im Dezember das Stehlen und Rauben zunahm, indem in denen ausgestorbenen Häusern“*, wie Donauer näher ausführt, „*eingebrochen, Kisten und Kasten eröffnet und das darin Befindliche entwendet wurde*", eine scharfe Verordnung ergehen und auch zum warnenden Beispiel ein paar ertappte Diebe auspeitschen und auf ewig aus der Stadt weisen zu lassen.

Ebenso schildert Alkofer das verderbliche Wüten der Pestinmänner in nachstehenden bewegten Worten:

„*Gleichwie es gemeiniglich zu geschehen pfleget, dass Leuthe gefunden werden / welche als sie schon die harten Straffen und Plagen Gottes vor Augen sehen / dennoch von ihrer Bosheit / nicht abstehen; also musste man auch inne werden / dass Einige von den Pestinmännern ihrer obliegenden Pflicht miteinander vergessen / sowohl mit den todten Cörpern / als auch mit den Erkranckten / sehr unbarmhertzig und tyrannisch umgegangen / allerhand Muthwillen und höchste straffbare Uppigkeit verübet / dass auch ein Wohl Edler und hochweiser Magistrat bewogen worden / dessfalls eine Inquisition anzustellen / und die Verbrecher / andern zum Abscheu und Exempel / öffentlich mit Schlägen abstraffen zu lassen / welches auch geschehen*".

Mittelalterliche Apotheke. Aus dem „Pestregiment" des Quintorius Joannes

„ . . . im Tod so schmählich tractiert worden“

Bestattungswesen

Sehr unbarmherzig gingen die Pestinmänner auch mit den Körpern der Toten um, wie wieder mehrere Augenzeugen für 1713/14 berichten. So schreibt Buzinger:

„Die Pestinträger raubten die Häuser aus, gingen mit denen Todten-Cörpern sehr unbarmherzig um, wurffen sie von denen Stiegen herunter, dass hier ein Fetzen vom Haar und dort ein Stück vom Gehirn hängen blieb, wie ich solches im Pallweyischen Nebenhause an der goldenen Hacken und bey denen Schwibbögen vor einem Niedermünsterischen mit meinem Auge gesehen habe.“ Eine andere Darstellung bringt er aus dem Pestlazarett selbst, und zwar von dem Totengräber Zacherl; aus ihr geht so recht anschaulich hervor, wie sich das Leben unter dem dortigen Personal abgespielt haben mochte und wie selbst angesichts des ständigen Todesgrauens menschliche Leidenschaften nicht zum Stillschweigen kommen konnten. Buzinger schreibt von diesem Menschen einmal folgendes:

„Ein Gassenkehrer / namens Zacherl / wurde im Pestinhause zum Totengräber gemacht, welcher sich mit der daselbstigen Köchin nicht vertragen konnte / als diese aber an dem Malo starb, warff er sich über die Achsel, trug sie in den Pestin Freydhof, zog sie nackend aus, als er aber nicht mehr den eine Land Müntz fand riss er einen Fetzen von ihrem Hemd, wickelte ihn wie eine Wurst zusammen und steckte ihr denselben in die Scham, und die Land Müntz in ein Nasenloch, warff sie in die Grube und sprach: Da lig Bestie, du hast mir auch keine gute Suppe geben wollen.“

Der Einsatz derartigen Personals verstärkte den Schrecken und die Angst vor dem Tod nur noch mehr. Wie groß die Ängste waren, zeigt das Beispiel des Lehrers Viktor Groll. Als eines Morgens im Jahr 1713 die Pestinmänner einen Toten aus dem Gymnasium holten, erschrak der Lehrer so sehr, daß er vom Schlag gerührt auf der Stelle starb.

Die Beförderung der Toten muß einen furchtbaren Anblick geboten haben. So schildert wieder Buzinger:

„Ich kann den Jammer nicht genug exprimiren, denn anstatt der Gesandschafftlichen schön ausgeschmückten Gutschen sah man dann Todten „einem Rüstwagen gleichend“ voller Todten liegend, auff der Seite vorn und hinten ein weiss Creutz habend, bey hellen

lichten Tage fahren, und hie und da eine mit schwarzer Leinwant überzogen Sänffte, worinnen die kranck Personen sassen vielfältig nach dem Pestinhaus tragen. Das aller Gräulichste war, dass man einen Wagen verfertiget hatte, der so rumpelte, als wann zwey Trommel gerühret würden, auff welchen man des Nachts die Todten auf den neuen Freydhof nach St. Lazarus schleppte, ob nun gleich die Straffe Gottes und die Todesgefahr sehr gross, so war die Bosheit der Menschen doch noch viel grösser, denn im Pestinhause wurde unter denen so wider etwas gesund und an gehabten Beulen curirt worden waren viel Hurerey getrieben. . .“

Und Eibelhuber berichtet:

„Ueberdiess so setzte auch das leichtsinnige Verfahren der sogenannten Pestinmänner, welche die Todten nächtlicher Weile wie das Vieh auf die Wagen wurffen, und damit zur Stadt hinaus rolleten, manche in äusserste Sorge und Schrecken. Ein jeglicher, der sonst eben nicht ungerne gestorben wäre, wünschte nur anjezo zu leben, damit er nicht so viehische zur Erden gebracht würde. Viele sind durch das nächtliche Gepolter und rasseln der Karren in solche Alteration gebracht, dass da sie dess Vergangenen Tages frisch und gesund gewesen, dess folgenden gestorben. Und was noch entsetzlicher, so fehlte es an Exempeln nicht, dass von denen auf die offenen Wägen geworffenen Todten einige unter Weeges verlohren, und folgenden Tages auf offenen Strasse sind gefunden worden, ohne Zweifel, weil die bestellten Pestinmänner so unvorsichtig und leichtfertig umgiengen. Welches um so viel erschrecklicher ist, weilen man keinen Todten in einen Sarg, sondern nur in einen Lailach eingewickelt fortnahm, und damit zur Stadt hinaus eilete. Und kan ich mich die Wahrheit zu gestehen, nicht ohne Entsetzen ein und anderer Person erinnern, welche im Leben so viel auf den Leib gewendet, im Tode aber so schmählich tractirt worden.“

Die Ereignisse in Regensburg waren keine Einzelfälle. In Amberg werden aus dem Jahr 1634 Probleme mit den Totengräbern gemeldet. Hier arbeiteten die Träger nicht ohne vorherige Bezahlung, die Toten wurden nicht vorschriftsmäßig sofort begraben, sondern sie wurden oft zwei Tage liegengelassen, um mehrere Personen auf einmal begraben zu können, so überliefern es uns die Ratsbücher. Weiter heißt es: *„Des Hauptmanns Zweifel Wachtmeister ist mit dem Pferd des Nachts über einen solchen Haufen Leichen gefallen und in einem engen Gäßel ist er am hellen Tag auf einen solchen Toten gestoßen.“*

Zum Transport der Leichname wurde 1634 in Amberg ein eigener Bagagewagen angeschafft, dessen Räder mit Filz eingeschlagen waren, damit beim nächtlichen Transport die Anwohner nicht zusätzlich erschreckt wurden. In Regensburg verwendete man neben den verdeckten Wagen auch offene. Während in Regensburg am Anfang der Seuche die Toten noch in Särgen bestattet wurden, gingen die Totengräber bald dazu über, die Leichname nur in Leinensäcke einzuwickeln. Es kamen auch Fälle vor, daß die Toten völlig nackt in die Massengräber geworfen wurden. Schon für 1462 wird aus Regensburg berichtet, daß die Seuchentoten ohne besonderes Zeremoniell bestattet worden sind. Wegen der Ansteckungsgefahr war es nur den engsten Verwandten erlaubt, an der Beerdigung teilzunehmen. Im Amberg mußte die Totenbahre an einem eigenen Ort aufbewahrt werden und durfte erst ins Haus des Toten gebracht werden, wenn er auf den Friedhof transportiert werden mußte. Offensichtlich hatten die Einwohner Angst, sich an der Totenbahre anzustecken.

Hauptbegräbnisplatz in Regensburg war zuerst der Domfriedhof gewesen. 1520 mußten wegen der vielen Toten einige 100 Fuder Sand dort aufgebracht werden. Trotzdem war der Domfriedhof bald zu klein und der Gottesacker bei St. Lazarus mußte 1563 erweitert werden. Bei der Pest von 1634 wurden in Regensburg die Toten in einem Kräutergarten, im Kapuzinergarten, bei St. Peter und bei St. Lazarus begraben. Auf dem Friedhof bei St. Lazarus wurde 1649 ein eigener Platz für die Pesttoten abgesteckt, der später auch als Arme-Sünder-Friedhof Verwendung fand. Offenbar galt die Pestbegräbnisstätte als besonderer Ort. Personen, die über längere Zeit nicht zu den Sakramenten gegangen waren, wurden hier beerdigt. Wegen der vielen Toten mußte St. Lazarus 1713 erneut erweitert werden, außerdem wurde ein zusätzlicher Begräbnisplatz östlich des Pestlazaretts auf dem Unteren Wöhrd eingerichtet. Bis zum Ende des 19. Jahrhunderts war an der Mauer des Pestinhofgartens ein Gedenkstein angebracht, der an die vielen Toten der Seuche von 1713/14 erinnern soll. Heute befindet sich dieser Gedenkstein in der Dreifaltigkeitskirche von Steinweg, rechts vom Eingang. Die Inschrift lautet:

Dieser
Stein
zeiget auf die
hineben gesetzte Sechs Marcksteine

und den jenigen Orth
Wohin bey der in Mittel des Monats
July Ao. 1713 durch Gottes Verhang
uns um unserer schweren Stunden willen
entstandenen und biss zur Helffte dess
durch die Hertzliche Barmhertzigkeit
des Allerhochsten geendeten Contagion
Diejenige an dieser Kranckheit verstorbene
Personen begraben worden.
Hier deckt die kuhle Erd, bey Etlich
Tausend Leichen
Die Gottesschwere Hand durch Pest
hat hingerafft
Mein Leser denck daran lass dich zur
Buss erweichen
Wonicht, so wirst auch du wie die von
Gott gestrafft.

Andere Pestgrabsteine, der Chronist Schuegraf hat sie beschrieben, sind inzwischen leider verloren gegangen.

Ein schweres Amt hatten in Pestzeiten die Totengräber zu verrichten. Durch ihren Umgang mit den Toten waren sie selbst in großer Gefahr, infiziert zu werden. Oftmals wurden Personen zu diesem Dienst gezwungen, wie etwa 1634/35, als in Regensburg wandernde Handwerksburschen diese Arbeit verrichten mußten.

Ähnlich verfuhr die Stadt auch 1713. Da es häufig Klagen gab, die Totengräber würden in Seuchenzeiten besonders hohe Preise für ihre Dienste verlangen, erließ die Stadt Regensburg eine eigenen Totengräberordnung, in der neben den Preisen bestimmt wurde, in welcher Tiefe die Toten bestattet werden sollten. Da heißt es z.B.:

„Ordnung wie tieff sie zu jeder Person graben sollen. Ao. 1509 d. 3. Aug. hat ein ehrbarer Rath auf Gutachten derer Doctorum, wie im Exemplar zu ersehen, was in Visir dero Gräber 6 Werck-Schuh tief sollte graben, sonst bleibt es in alter Maass in der Tiefe wie abstehet. Es soll auch ein jeder Toten Graber, wenn und wieviel er der Toten auf einen Tag begraben, es sey an der bösen Kranckheit oder sonsten, dem Ausrichter. oder wenn derzeit keiner vorhanden wäre, so soll er denen Allmosen-Pflegern fleissig und eigentlich anzeigen, und sonderlich woran sie starben."

Außerhalb der Seuchenzeit mußten die Gräber nur 4 Schuh (ca. 1,20 Meter) tief sein, wieviel die Totengräber in „Pest- und Sterbs läuffte" verlangen durften, bestimmt auch die Ordnung von 1604, wo es heißt:

„Erstlichen von einer alten Persohn in einer Seuchen und in eine aigen Grab gelegt wird 4 fl. 20 kr. Von einer alten Persohn ohne Truhen 4 fl. Von einer jungen Persohn in einer Lad 3 fl. Von einem Kind so man am Arm austrägt 1 fl. 20 kr. Im Fall dass sich ja der Lauff dermassen ereignen und so fast begeben würde / also dass von nöthen grosse Gruben zu machen/soll vor denjenigen unterschiedlichen Persohnen / so darein gelegt gegeben werden wie folgt:

Von einer alten Persohn 1 fl. 5 kr.
Von einer mittelmässigen Persohn 28 kr.
Von einem Kind 17 kr. 1 dl."

Darauf folgt wieder die Ermahnung: *„Es soll jeder Todten-Graber, was und wie viel er jeden Tag, die Wochen über begraben, einem Lauffer ann und wenn die Wochen der Gang hinaus in das Pestin-Hauss ist, oder wo keiner vorhanden / den Pestin-Meister so viel möglich mit dero Hauff und Zunahme, auch von wannen solche seyen, fleissig und eigentliche Erfahrung einnehmen, sonderlich an was Kranckheit solche gestorben / wissentlich machen und anzeigen."*

Mit dem „wissentlich machen und anzeigen" gab es auch Schwierigkeiten in Amberg. Die Ratsbücher beklagen, daß versäumt wurde, Kranke und Tote dem Magistrat zu melden. Die Regensburger Totengräber hatten Tag und Nacht in einer für sie bestellten Herberge zu bleiben, damit sie auch sofort ihren Dienst antreten konnten, wenn sie gebraucht wurden. Ähnlich wie die Pestärzte und die Pestseelsorger sollten die Totengräber in Seuchenzeiten so wenig wie möglich unter die Leute gehen. 1694 erließ die Stadt Regensburg eine Vorschrift, nach der in einem Massengrab höchstens 10 bis 15 Personen begraben werden durften.

„. . . inficierte Häuser und Mobilien zu reinigen“

Desinfektionsmaßnahmen beim Abklingen der Pest

Die Kenntnis von der Ansteckungsgefahr veranlaßte die Behörden nach dem Erlöschen der Seuche umfangreiche Desinfektionsmaßnahmen durchführen zu lassen. Eine dieser Maßnahmen war in Regensburg die schon erwähnte Auffüllung des Domfriedhofes. Im Amberg war es Vorschrift, die Leichen mit ungelöschtem Kalk zu bestreuen. Dies war auch an anderen Orten üblich. Regensburg erließ eine eigene Desinfektionsordnung mit dem Titel:

Regenspurgischer
Unterricht
auf was Art die hiesige Stadt die
inficirte Häuser und darin sich befindende
Mobilien zu reinigen
damit sie künftig
zum
Sichern Gebrauch
dienen mögen.

Die vorgesehenen Maßnahmen entsprechen natürlich den Vorstellungen, die sich die Zeitgenossen von der Entstehung und der Übertragung der Seuche machten. Die Verfasser der obigen Desinfektionsordnung waren der Meinung, daß sich das „Pestgift“ auf infizierten Gegenständen sehr lange halten könne. Als Beispiel wird hier ein Alexander Benedictus zitiert, der gesehen haben will, daß ein Kissen, auf dem ein Pestkranker gelegen hatte, nach sieben Jahren wieder einen Schläfer ansteckte. Der Verfasser der Pestordnung definiert die Pest als „subtiles Gift“, das weder mit den Händen noch mit den Augen zu greifen sei. In einem anderen Beispiel werden Stricke erwähnt, mit denen 20 Jahre zuvor Pesttote beerdigt worden waren. Als man sie wiederverwendete, hätten sie eine neue Epidemie verursacht. In Regensburg sollten nur Personen, die gewissenhaft genug erschienen, zur Desinfektion eingeteilt werden. Ohne Genehmigung durfte niemand desinfizieren, die Bezahlung war durch das „Collegium sanitatis“ geregelt. Das Reinigungspersonal durfte während der Dienstzeit weder Kirche noch Rathaus noch Wirtshäuser aufsuchen. Sie mußten beisammen wohnen und nach der Arbeit sofort nach Hause gehen.

Und „*damit sie auch von anderen Leuthen erkannt werden / sollen sie zum Kennzeichen auf ihren Hüten eine Masche weiss und grüne Bänder tragen / die Weiber aber dergleichen in die Haar einflechten*“. Zu ihrer eigenen Sicherheit trugen sie Oberkleider von schwarzer Leinwand, die sie abends ausschwefelten und die Nacht über an die Luft hingen. Als Schutz gegen eventuelle Pestinfektion wurde ihnen anbefohlen, dass „*bei Eröffnung dess inficirten Hauses sie sich Nasen und Mund mit einem Schnup-Tuch verbinden / ein Kohl-Feuer in der Hand tragen / und starcken Rauch machen / das ganze Haus durchsehen / ob die Betten, Tücher / Polster / Stroh und Stroh-Sack / darauf ein Inficirter gestorben / ingleichen alles Gruschwerk / Lumpen und was nicht viel wert / weg gebracht seyen / nicht weniger die Kleider / so jemand wehrender Kranckheit angehabt / der s.v. Nachtstuhl / der gebraucht worden und der gleichen.*“

Nachdem das Reinigungspersonal Umschau gehalten hatte, wurden die Zimmer umgehend geschlossen und drei Tage lang zweimal täglich durch starken Rauch aus Hobelspänen, Schwefel und Wacholder ausgeräuchert. Bei der Arbeit war ausdrücklich das Rauchen von „Tobak“ gestattet. In die Abtritte wurde ungelöschter Kalk geschüttet.

Am Ende des Dienstes mußte das Desinfektionspersonal die Kleider vor der Stadt verbrennen, sich waschen und ganz neue Kleider anlegen. Anschließend mußten sie sich noch einer mehrwöchigen Quarantäne unterziehen, dann durften sie wieder unter das Volk. „Bey Ort“ hatte Baiern eine Hütte erbauen lassen, wo Handwerksburschen und Personen, die die Stadt verlassen wollten, in eine zwei- bis dreiwöchige Quarantäne gelegt wurden.

Häuser, die keine Desinfektion zu erfahren hatten, durften mit Genehmigung des Collegium sanitatis von den Bewohnern selbst desinfiziert werden, jedoch wurden die Maßnahme der Bewohner abschließend kontrolliert.

Bei der Häuserreinigung ging man sehr streng vor. Die Überlebenden aus infizierten Häusern mußten diese verlassen, oft für mehrere Wochen und länger. Die Täfelung wurde einfach herausgerissen oder mindestens mit scharfer Lauge abgewaschen, der Verputz wurde abgekratzt, die Ritzen und Löcher zugeschmiert. Hier sei an mehrere Sagen erinnert, wo die „Pestfliege“ in einem Löchlein in der Wand eingeschlossen war und nach der Öffnung dieses Loches wieder auftreten konnte. Der neue Verputz mußte anschließend drei Mal überweißt werden. Häuser, die völlig ausgestorben waren, mußten von oben bis unten völlig neu geweißt werden, sie wurden ausgefegt, alle Zimmer wurden mit Schwefel geräuchert.

Ähnlich verfuhr das Reinigungspersonal mit dem Mobiliar: Die Betten von Pestkranken wurden verbrannt, Metallgegenstände in Essig gelegt, Holz mit heißer Lauge und Wasser gereinigt. Leinenzeug sollte außerhalb der Stadt in scharfer Lauge gewaschen, an der Luft getrocknet und abschließend nochmals geräuchert werden. Mit Kleidern, Decken und anderen Stoffen wurde ähnlich verfahren, Bücher und Papier wurden verbrannt, wertvollere Objekte ausgestaubt, starkem Rauch ausgesetzt und anschließend für längere Zeit an die frische Luft gelegt. Bei Lebensmitteln verfuhren die Einwohner Regensburgs folgendermaßen: Beim Getreide, Mehl, Erbsen, Gerste usw. begnügte man sich damit, dasselbe häufig umzuwenden. Schmalz und Unschlicht (Rinder- oder Hammeltalg) goss man um. Käse schabte man ab, und behandelte ihn dann mit Salzwasser. *„Das lebendige Vieh / absonderlich was zur Ausführung der Toden oder zum Lazareth gebraucht worden / ist abzuwaschen und offt in die freye Lufft zu treiben / und wenn es die Jahreszeit zuläst / kan solches in der Donau etlichemale geschwemmt werden.“* Waren alle Vorschriften erfüllt, wurde kurz vor dem Bezug der Wohnung nochmals mit dem üblichen Räucherwerk gründlich ausgeräuchert. Das „Collegium sanitatis“ stellte offiziell das Ende der Seuche fest und hob die Absperrmaßnahmen auf.

Anschließend konnte sich das „collegium sanitatis“ selbst auflösen. Die Seuche war vorüber.

„. . . nimm Dich uns aller an“

Pestheilige

D.H. Kerler nennt in seinem Buch „Die Patronate der Heiligen“ allein 62 Pestheilige. Die Liste reicht von Adrian von Nicomedien bis zum Bischof Zosimus und allein 24 Heilige konnten gegen einen plötzlichen oder unbußfertigen Tod helfen. Die bei uns am meisten verehrten Pestheiligen seien im folgenden genannt.

In Kirchen- und Kapellenbauten, Wallfahrten, Gelöbnissen, Pestsäulen und Statuen äußert sich die Verehrung der einzelnen Heiligen. Das heute spektakulärste und bekannteste Pestgelübde machten 1634 die Einwohner von Oberammergau mit ihrem Passionsspiel.

In der Oberpfalz gibt es einige z.T. auch heute noch vielbesuchte Wallfahrtsstätten aus Pestzeiten. Prozessionen zur Abwendung der Pest praktizierten bereits die Geißler am Ende des Mittelalters.

Vom Jahr 1521 wird aus Regensburg ein Umzug mit leeren Särgen gemeldet, Bittämter im Dom und vor der neuen Kapelle schloßen sich an. Häufig gab es in Pestzeiten Wallfahrten und Prozessionen, doch haben diese wie am Beispiel der Wallfahrt zur „Schönen Maria“ ersichtlich, häufig die Ausbreitung der Seuche nur gefördert. Aus unterschiedlichen Gründen hielten die Gläubigen einzelne Heilige geeignet, einen Schutz gegen die Seuche zu bieten.

St. Antonius

Einer, der gegen alle möglichen Krankheiten angerufen wurde, war St. Antonius. Die Legende erzählt, daß er während seines 20jährigen Wüstenlebens häufig an Flechten, Hautausschlägen und Entzündungen zu leiden hatte. Da die Pestbeulen zu den obengenannten Krankheiten gezählt wurden, schien Antonius als Pestpatron besonders gut geeignet. Zahlreiche Armen- und Krankenhäuser, Pesthäuser und Kapellen sind ihm geweiht. Das Taukreuz (Kreuz in Form des griechischen Buchstaben T genannt Tau), das der Überlieferung nach auf den hl. Antonius zurückgeht und deswegen auch „Antoniuskreuz“ genannt wird, wurde als Schutzkreuz gegen die Pest verwendet, da Antonius damit die Seuche bekämpft haben soll. Ein Gebet zum hl. Antonius lautet:

„Heiliger Antonius, in deinem härenen Kleid, hilf du mir in meinem Leid! Bei Christi heiligen fünf Wunden, laß mich von meiner Krankheit gesunden!“

Die heilige Anna

Die heilige Anna wurde gegen ansteckende Krankheiten ebenfalls angerufen. Das „Annawasser" half gegen Fieber, Kopf-, Brust- und Bauchweh. Da dies z.T. Symptome der Pest waren, wurde St. Anna auch zur Pestheiligen. Die berühmteste Anna-Wallfahrt der Oberpfalz findet sich in Sulzbach. Die Verehrung der Mutter Anna geht bis ins Mittelalter zurück, wo die Verehrung einen „enthusiastischen" Aufschwung nahm und um die Mitte des 14. Jahrhunderts, also während der ersten großen Pestepidemie, seinen Höhepunkt erreichte. Die St. Annakirche in Frieberzhofen wird 1388 genannt. Die Peuthentalkapelle bei Sulzbach, heute Annaberg genannt, erscheint in den Urkunden 1394. Bis vor die Reformation reichen die Kapellen bei Mühlberg und Velburg zurück. St. Anna in Sulzbach ist mit den 14 Nothelfern verbunden, die ebenfalls in Krankheitsdingen und Pestgefahr angerufen wurden. Der Annaberg bei Sulzbach ist bis heute das Ziel zahlreicher Oberpfälzer Wallfahrer. Und wie es sich gehört, kommt der weltliche Teil beim Annafest nicht zu kurz.

St. Barbara

Die heilige Jungfrau und Martyrin Barbara wurde besonders in der Oberpfalz als Helferin in der Todesstunde verehrt. Eine in Lupburg gegründete Barbarabruderschaft hatte als einziges Ziel die Erlangung einer glückseligen Sterbestunde. Durch die Schnelligkeit, mit der die Pest zum Tode führte, drohten die Kranken, ohne Sakramente im Stande der Ungnade sterben zu müssen und in die Hölle zu kommen. Für den Gläubigen das Schlimmste, was ihm geschehen konnte. Um vor dem Tode noch wie St. Barbara, der der Legende nach ein Engel kurz vor der Hinrichtung noch die Kommunion reichte, die Sakramente empfangen zu können, beteten die Gläubigen zur hl. Barbara. Der Eixlberg bei Pfreimd und die 1921 wieder aufgenommene Wallfahrt in Speinshart haben St. Barbara zur Patronin. Ihre Gründungen fallen frühestens ins 15. Jahrhundert. Die Einführung von Barbarabruderschaften brachten im 18. Jahrhundert einen Aufschwung dieser Wallfahrten.

Hl. Blasius, hl. Cosmas, hl. Damian

Vor allem durch den Blasiussegen bekannt ist der hl. Blasius, den man nicht nur gegen Halskrankheiten und die Pest anrufen soll. Er gilt ebenso wie die Heiligen Cosmas und Damian als Patron der Ärzte und auch diese beiden Patrone Böhmens gelten als Pestheilige.

St. Christophorus

Ähnlich wie die hl. Barbara wurde St. Christophorus als Todesbanner und Bewahrer vor Todesgefahr angerufen. Die weite Christophorusverehrung in der Oberpfalz wurde durch die Reformation ausgelöscht. Seine Darstellungen wurden als „papistische, abgöttische Bildnisse“ häufig übertüncht. Nach der Reformation lebte die Christophorusverehrung wieder auf, besonders im Zusammenhang mit der Verehrung der 14 Nothelfer. Wie fest die Verehrung dieses Heiligen auch noch in der Reformation war, zeigt ein Vorfall in Pavelsbach, als 1598 der Visitator feststellen mußte, daß das Bildnis des Heiligen nicht übertüncht worden war. Bei Restaurierungsarbeiten tauchen Christophorusdarstellungen gelegentlich wieder auf, wie etwa in der Dominikaner- und Ulrichskirche in Regensburg oder in der Friedhofskirche St. Sebastian in Bruck. Diese Darstellung einer über 5 m hohen Christophorusfigur ist aus dem Jahr 1507 datiert. Das Bild wurde offensichtlich während der Reformation übermalt, der Kopf herausgekratzt. Dieses Kirchlein an einer alten Handelsstraße war einst eine vielbesuchte Wallfahrt, wie die Kirchenrechnungen belegen. Sie kam in der Reformationszeit zum Erliegen. Die zwei Friedhöfe in Bruck, wobei der außerhalb liegende mit einer Sebastianskapelle versehen ist, lassen hier einen Pestfriedhof vermuten. Neben der Pest wurde St. Christophorus noch gegen Muskelschwund, Epilepsie und anderen Nervenleiden angerufen. Nach St. Sebastian und dem hl. Rochus gehörte er zu den am weitesten verbreiteten Pestheiligen.

Bischof Cyprian, Franz von Assisi und Papst Gregor

Weniger bekannt als Pestheilige sind Bischof Cyprian von Carthago und Franz von Assisi, der während seiner zahllosen Krankheiten immer wieder Blut erbrach, ein Symptom, das sich auch bei der Pest zeigen konnte. Als im Herbst 589 in Rom die Pest ausbrach und dabei der amtierende Papst mit dahingerafft wurde, wählt man Gregor zum Nachfolger. Als neugewählter Papst veranstaltete er sogleich einen Bittgang. Als sich der Legende nach die Prozession St. Peter näherte, sahen die Gläubigen über dem Grabmal des Kaisers Hadrian den Erzengel Michael herniederschweben, der mit einer erbarmenden Geste sein blutiges Schwert in die Scheide steckte und die Pest erlosch augenblicklich.

St. Georg

Zum Sinnbild für den allesvernichtenden Pesthauch wurde der verderbliche Atem des Drachen. Ein Analogiezauber in St. Georgsspielen, wie in Furth im Wald, sollte möglicherweise auch die Pest abwehren. Der Drachenbezwinger St. Georg wurde um Hilfe gegen die Pest angerufen.

St. Jodok

Ein bis ins 16. Jahrhundert sehr weit verbreiteter Pestheiliger war St. Jodokus, der auch in der Namensform Jost und Joos, im Bistum Eichstätt als Jobs oder Jobst, im Bistum Regensburg als St. Jodok auftaucht. Zahlreiche Kapellen, die ihm geweiht waren, wurden im Dreißigjährigen Krieg vernichtet oder verfielen, wie St. Jobst vor den Toren Neumarkts oder die Jobstkapelle bei Batzhausen. Übriggeblieben ist in der Oberpfalz nur das Kirchlein bei Tännesberg, das überregional durch seinen Jodoksritt bekannt ist. Wegen der großen Zahl seiner Patronate erlangte dieser Heilige eine große Volkstümlichkeit. Er wurde angerufen gegen Feuersbrunst, Erntebrand, Gewitter- und Hagelschlag, für das Gedeihen der Feldfrüchte, des Obstes, gegen Engerlinge, Kornmilben und alle anderen Schädlinge des Getreides sowie gegen Viehseuchen. Vermutlich infolge der sprachlichen Vermischung seines Namens mit dem alttestamentlichen Dulder Hiob (Job) wurde er zum Patron der Siechen und der Hospitäler. In Pestzeiten war seine Verehrung besonders groß.

Hieraus erklärt sich auch der Zulauf, den die Wallfahrt in Tännesberg erhielt. Zur Ausstattung der Kapelle gehört jenes Wiener Pestkreuz, das, als 1680 in Wien die Pest herrschte, von dortigen Einwohnern nach Tännesberg getragen wurde. Als sie hier ankamen, erfuhren sie, daß in ihrer Heimatstadt die Seuche erloschen war. St. Jodok in Tännesberg besitzt eine Kopie des Amberger Gnadenbildes. Als 1796 in Tännesberg eine Viehseuche wütete und in kürzester Zeit 200 Stück Großvieh umkamen, gelobten die Tännesberger ihren feierlichen Ritt nach St. Jodok, denn wer gegen menschlichen Seuchen helfen konnte, kam auch gegen Tierseuchen an.

Der heilige Karl Borromäus und Katharina von Siena

Karl Borromäus, Erzbischof von Mailand, blieb während der verheerenden Pestepidemie der Jahre 1570-75 in der Stadt, versorgte die Kranken und Sterbenden und wurde schließlich selbst ein Opfer der Seuche. Die Bayerische Ordensprovinz des Krankenpflegeordens der Barmherzigen Brüder haben sich bei ihrer Gründung 1851 dem Patronat des hl. Karl Borromäus unterstellt.

Wegen ihrer Sorge für die Pestkranken wurde auch die hl. Katharina von Siena als Pestheilige verehrt.

Die heilige Maria

Bis ins 2. Jahrhundert läßt sich der Brauch zurückverfolgen, Maria in der Not um Hilfe anzuflehen. Schutzmantelmadonnen sind in vielen Kirchen zu finden. Von Passau aus fand der Maria-Hilf-Kult seine Verbreitung im ganzen bayerischen Raum. 1624 begann man in Passau mit dem Bau der Maria-Hilf-Kirche. Zahlreiche Kopien des Passauer Gnadenbildes wurden erstellt, die dann nicht selten wie in Amberg oder Schwandorf Mittelpunkt neuer Maria-Hilf-Wallfahrten wurden. Franziskaner dürften eine Kopie des Passauer Bildes in die Oberpfalz gebracht haben. Mit Kurfürst Maximilian, einem innigen Mariahilfverehrer, könnte die Kopie des Gnadenbildes 1628, als die Oberpfalz wieder katholisch wurde, nach Amberg gekommen sein. Im April des Jahres 1634 brach in Amberg die Pest aus, die nicht wirkungsvoll bekämpft werden konnte. In den Monaten Juli und August starben täglich 40 Menschen und mehr. In der Betreuung der Kranken taten sich besonders die Jesuiten hervor, die seit 1629 in Amberg tätig waren, um die Rekatholisierung der Bevölkerung in die Wege zu leiten. Der Rektor des Amberger Jesuitenkollegs, P. Caspar Hell, gab schließlich den Rat, die bedrängte Stadt solle ihre Zuflucht zu Maria nehmen und geloben, an der Stelle des Wachturmes auf dem Berg eine Kapelle zu bauen. Für die Ausstattung wollte er ein Marienbild stiften, das sich im Besitz des Jesuitenkollegs befand. Es war die Kopie des Maria-Hilf-Bildes von Lucas Cranach.

Am 3. September 1634 wurde in einer feierlichen Prozession das Maria-Hilf-Bild in den zur Kapelle umgewandelten Wachturm übertragen, nachdem die Bürger bereits Mitte August mit der Umgestaltung des alten Bergfrieds begonnen hatten. „Kriegsoffiziere, wenige Bürgersleute, arme Waisen und Kinder“ begleiteten die Prozession des Pater Hell. Sofort wurde mit dem Bau einer eigenen Kapelle begonnen, doch wegen fehlender Geldmittel verzögerte sich der Bau noch um Jahre, so daß weiterhin der Turm als Kapelle genutzt werden mußte. Der Chronist Wiltmaister schreibt in seiner Stadtgeschichte, daß nach 1635 nichts mehr in Sachen Kapellenbau geschehen sei und Gott durch eine „abermals verhängte Sucht“ die Bürger Ambergs „väterlichst“ an ihr Versprechen erinnert habe. Die Aussage Wiltmaisters stimmt so nicht, denn nach 1634 wurde, mehr oder weniger intensiv, an der Kapelle gebaut.

Zwischen 1637 und 1640 trat eine längere Unterbrechung ein, 1642 konnte die Kapelle endlich vollendet werden. Doch schon 1646 wurde der Dachstuhl durch einen Brand wieder zerstört. Bis der Maria-Hilf-Berg in Amberg zur Wallfahrt für die umliegenden Ortschaften wurde, dazu dauerte es noch einige Jahre. Als 1650 in der Umgebung Ambergs wieder die Pest ausbrach, zogen die Kümmersbrucker nicht zur neuen Kapelle, sondern zum Sebastiansaltar in St. Martin. Nach dem Brand wurde die Kapelle 1651 erneut geweiht und fünf Jahre später wird ein Kirchweihfest „auf unserer lieben Frauen Berg" erwähnt. Im November 1696 wurde die Kapelle abgebrochen und man begann mit dem Bau einer stattlichen Kirche, der 1711 beendet werden konnte.

Das Deckengemälde von C. D. Asam schildert die Heimsuchung Ambergs durch die Pest und die Übertragung des Gnadenbildes auf den Berg. Das Gemälde des Presbyteriums zeigt eine Pestszene auf dem Marktplatz vor dem Rathaus. Mehrere Pestkranke liegen umher, ein Priester reicht einem Sterbenden die Kommunion. Ein Kind ist bereits tot, ein anderes schaut ängstlich zur Mutter auf. Im Hintergrund werden auf einem Pestkarren Tote abtransportiert. Darüber ist Maria abgebildet, die dem Todesengel ins Schwert fällt. Die Unterschrift lautet: Ambergae pestis divexat noxia cives – In Amberg quält eine verderbliche Pest die Bürger. Unter dem Gemälde, das die Übertragung des Gnadenbildes auf den Berg zeigt, steht: Virgo venit, fugiunt morbi pestesque recedunt – Die Jungfrau kommt, die Krankheiten fliehen und die Pest weicht. Ende Juni jeden Jahres kommen noch Tausende von Pilgern auf den Maria-Hilf-Berg, wie schon vor Jahrhunderten ihre Vorfahren. Von Amberg aus verbreitete sich der Maria-Hilf-Kult über die gesamte Oberpfalz. Über 20 Maria-Hilf-Kirchen gibt es in der Oberpfalz, sie stammen fast alle aus der 2. Hälfte des 17. Jahrhunderts. Häufig wurden sie an der Stelle bereits vorhandener Kapellen erbaut (Berching, Batzhausen, Fuchsmühl), an der Stelle einer Martersäule (Lengenbach, Freystadt) oder an der Stelle eines Kalvarienberges (Neumarkt, Schwandorf). Die Beratzhauser erbauten 1710 ihre Kapelle *„zur Abwendung der immer schmerzlich erlittenen Wasser-Güsse und Wolckenbrüche"*.

Die Verbindung dieser Maria-Hilf-Kapelle mit dem hl. Sebastian macht aber auch einen Bezug zur Pest deutlich, während die Gründungen in Rohrbach, Grafenwöhr, Miltach, Lam und Gebenbach jüngeren Datums sind. Die Kirche „Unsere liebe Frau" in

Ammerthal soll häufiges Ziel von Pestwallfahrten gewesen sein und das Maria-Hilf-Kirchlein in Emmerthal bei Prunn entstand auf Veranlassung des aus Vilseck stammenden Reitergenerals Druckmüller, der 1646 die Hofmark Prunn erworben hatte. Als 1649 innerhalb weniger Tage von den 130 Einwohnern 50 an der Pest gestorben waren, gelobte der General den Bau des Kirchleins, das heute im Niederbayerischen liegt und immer noch Ziel von Wallfahrten ist. Die Frau des Generals wurde in dem Kirchlein begraben.

Die vierzehn Nothelfer

Ein Teil der bisher schon genannten Heiligen, wie Barbara, Blasius, Christophorus, Georg, Katharina, Cyprian und Gregor zählen zu den 14 Nothelfern. Die Verehrung dieser Heiligen ist besonders in Süddeutschland verbreitet und ihre Verehrung soll während der ersten Pestzeit aufgekommen sein. Als Ursprungsgebiet gilt das Obermaintal und das Fichtelgebirge. Söllitz bei Nabburg ist mindestens seit 1470 Wallfahrtsort zu den Nothelfern, Altenstadt bei Erbendorf noch früher, während die Verehrung in Schönsee und auf dem Eggenberg bei Ensdorf erst Ende des 17. Jahrhunderts einsetzen. Die Verehrung auf dem Möninger Berg und in Parkstein ist noch späteren Datums.

St. Rochus

Einer der Nothelfer ist der heilige Rochus. Albrecht Altdorfer malte ihn zusammen mit den anderen Nothelfern für die Wallfahrtskirche zur Schönen Maria in Regensburg. Der Bekenner Rochus wurde um 1295 in Montpellier geboren und widmete sich besonders der Pflege der Pestkranken. Als er selbst von der Krankheit ergriffen wurde, lebte er als Einsiedler im Wald. Dabei wurde er von einem Engel und einem Hund versorgt. Sie gehören, genauso wie die Pestbeulen auf seinem Oberschenkel, zu seinen Attributen. St. Rochus war einer der ersten Schutzpatrone gegen die Pest. Am weitesten verbreitet war seine Verehrung im 16. und 17. Jahrhundert. Sein Kult war damals weiter verbreitet als der des hl. Sebastian, mit dem zusammen er häufig dargestellt wird. Genauso wie Sebastian wurde auch St. Rochus bei Viehseuchen angerufen. In Hahnbach wurde 1480 eine eigene Rochusmesse gestiftet. Von seiner Verehrung in der Oberpfalz zeugen seine Darstellungen in Utzenhofen, Großprüfening, Mariaort, Strahlfeld, Birnbrunn, Neumarkt und eine Zunftstange in Waldthurn.

St. Sebastian

Doch der in der Oberpfalz beliebteste Pestheilige war Sebastian. Seine Verehrung zeigt sich heute noch bei den vielen „Wastln", besonders in der ländlichen Bevölkerung. Eigene „Sebastiani-Märkte" gab es in Eslarn, Breitenbrunn, Beratzhausen und Grafenwöhr. In Nabburg wird jährlich an seinem Namenstag ein eigener Sebastiani-Bauerntag gefeiert und in Schnufenhofen wird noch heute acht Tage lang der „Sebastiani-Rosenkranz" gebetet.

Seit 1713 gibt es eine Prozession in Neumarkt zwischen der Pfarrkirche und der Hofkirche am 21. Januar, dem Fest des hl. Sebastian und etwa sieben Tage dauert in Tegernheim das „Sebastiani-Tragen", bei dem ein Mann mit einer Sebastians-Figur von Haus zu Haus geht und dabei folgenden Spruch sagt:

„Grüß Gott, ich komme an
mit dem heiligen Sebastian;
der euch das ganze Jahr
vor Unglück und schwerer Krankheit bewahr."

Auch wenn die Feststellung übertrieben ist, in fast jeder oberpfälzer Kirche gebe es eine Darstellung dieses Heiligen, zeugen doch zahlreiche Bildnisse und Plastiken von seiner breiten Verehrung in der Oberpfalz. Seine Anrufung gegen die Pest geht noch weiter zurück, als die Verehrung des hl. Rochus.

Der Legende nach sollte St. Sebastian durch die Bogenschützen des Kaisers Diokletian hingerichtet werden. Er überlebte aber auf wunderbare Weise die zahlreichen Pfeilverletzungen. Bereits in der jüdischen Überlieferung gilt der Pfeil als Symbol der plötzlich anschwirrenden Krankheit, die Gott selbst oder sein Engel geschickt hat (Ps. 7,13; Job. 6,4) und schon in der Ilias spricht Homer von Apollons „schrecklichen Pfeilen" aus dem wohlverschlossenen Köcher, die das Heer trafen *„und es brannten tagaus, tagein die Feuer der Toten" (I,44 ff.).* Auch die Göttin Diana kann Pestpfeile verschießen und in der Offenbarung des Johannes (6,8) wird der Tod auf einem fahlen Pferd reitend mit Pfeil und Bogen dargestellt. So ist es nicht verwunderlich, daß schon im frühen Mittelalter Sebastian gegen die Pest angerufen wurde. Die bedeutendste Sebastians-Wallfahrt in Bayern besteht in Ebersberg, wo die Hirnschale des Heiligen verehrt wird. Aus dieser Hirnschale wurde der Sebastianswein gereicht, der vor der Pest schützen sollte.

Das Minnetrinken zu Ehren der Götter war bei den Griechen, den Römern und auch bei den Germanen bekannt. Nach der Chri-

Der hl. Sebastian genießt in der Oberpfalz bis heute eine breite Verehrung. Er gilt als der Pestheilige schlechthin. Die Wallfahrtskirche in Ottengrün (Lkr. Tirschenreuth) war Ziel vieler Wallfahrer und enthält neben anderen Bildnissen des Märtyrers auch diese Prozessionsstange.

stianisierung war das Minnetrinken zu Ehren der Toten und der Heiligen noch in Gebrauch. Aus dem Mittelalter ist die Stephans-, Georgs-, Johannes-, Martins-, Emmerams-, Benedikts-, Leonhards-, Michaels-, Christus- und die Marienminne bekannt. In der Oberpfalz war vor allem die Sebastiansminne üblich. Die Kirche sah das Minnetrinken ungern, da es nicht selten in Besäufnisse ausartete. Von diesem Brauch übriggeblieben ist noch der Brauch, am 27. Dezember den Johanniswein weihen zu lassen, während man sich in Franken am 6. Januar die „Stärke antrinkt". Einige Belege berichten vom Gebrauch des Sebastianweins in der Oberpfalz. Aus Regensburg wird für 1520 gemeldet, daß *„acht Köpf neuen Frankenweins ab St. Sebastians Pfeyl"* getrunken wurden.

In Amberg bemühten sich die Gläubigen am Anfang des 18. Jahrhunderts um die Wiedererrichtung der im 16. Jahrhundert demolierten Sebastianskirche. In einem Schreiben des Jahres 1723 bittet Dechant Heinrich Werner das Ordinariat um die Erlaubnis, wieder den Sebastianswein reichen zu dürfen. Ein Trinkbecher und ein silberner Sebastianspfeil sei bereits gestiftet. Der Pfeil wurde nach Ebersberg gebracht, wo er einige Zeit in der Nähe der Hirnschale des Heiligen liegen blieb. Mit einem Attest, das noch heute erhalten ist, wurde diese Berührung bestätigt. Das Ordinariat genehmigte schließlich die Gewährung des Sebastianweins. Aus dem Schreiben wird deutlich, wie der Wein gereicht wurde: Die Gläubigen sogen durch den Schaft des Pfeiles den vorher geweihten Wein aus dem Kelch. Dabei sprach der Priester die Worte: Durch die Fürsprache des hl. Sebastian befreie dich der Herr von allen Übeln des Leibes und der Seele. Die Sebastiansminne, die hauptsächlich gegen die Pest helfen sollte, war auch in Oberbayern und in Österreich bekannt. In Ebersberg wurde der Brauch erst 1910 abgeschafft. Bei der Visitation der Diözese Eichstätt im Jahre 1601 findet der Visitator Priefer noch an einigen Orten „fistulae", also Röhrchen, mit denen Wein getrunken wurde. An anderen Orten waren die Röhrchen zwar noch vorhanden, ihr Zweck aber nicht mehr bekannt. In der Barockzeit scheinen sich die Gläubigen dieses Brauches wieder erinnert zu haben, wie auch in Breitenbrunn, wo sich im Pfarrarchiv die Erlaubnis des Generalvikars vom 17. Jan. 1730 findet, eine Sebastiansoktav einzuführen und gesegneten Wein austeilen zu dürfen. Den Pfeil dazu stellte das Ordinariat zur Verfügung und war nicht schon, wie bisher vermutet, seit dem 15. Jahrhundert in Breitenbrunn vorhanden.

Das malerisch auf einem Felsen erbaute Sebastianskirchlein in Breitenbrunn ist eines der ältesten Sebastiansheiligtümer der Oberpfalz. Es wurde schon bald nach der Pest von 1348 erbaut und war für zahlreiche Orte der Umgebung das Ziel von Wallfahrten. Die Beilngrieser kommen heute als einzige am Pfingstmontag nach Breitenbrunn in Erinnerung an ein Gelöbnis aus dem Jahr 1634. Diese Prozession wurde, wie viele andere, während der Säkularisation verboten und lebte wieder auf, während viele Wallfahrten in Vergessenheit gerieten und nicht wieder aufgenommen wurden. Daß St. Sebastian von Breitenbrunn nicht nur gegen die Pest sondern auch gegen andere Krankheiten, wie etwa Viehkrankheiten, angerufen wurde, das belegen die zahlreichen Hufeisen an der Türe des Kirchleins.

In der nördlichen Oberpfalz ist Ottengrün das Zentrum der Sebastianswallfahrer. Aus dem Egerland und aus Sachsen kamen früher die Pilger, ein vielbesuchter Wallfahrtsort bereits vor der Reformation. Noch heute ist die Kirche das Ziel von vielen Gläubigen.

Als Wallfahrt vergessen ist heute das Sebastianskirchlein von Hofenstetten. Im Staatsarchiv in Amberg heißt es im Jahr 1662 über diese Kirche: *„Die umliegende Landschaft hat eine große Andacht zu dem Sebastianskirchlein in Hofenstetten“.*

Nicht nur die Beilngrieser und Neunburger wallfahrteten wegen eines Pestgelübdes, sondern auch die Burglengenfelder (nach Regensburg), die Oberviechtacher (nach Pertolzhofen), die Hochdorfer (zum Eichelberg, nach Schmidmühlen und zum Miesberg) und wahrscheinlich noch viele andere Orte auch. Doch in der Säkularisation gingen viele Wallfahrten ein und gerieten in Vergessenheit.

Eine besondere Verehrung erfährt bis zum heutigen Tag St. Sebastian in Grafenwöhr, wo er als Stadtheiliger verehrt wird. Während einer pestartigen Seuche im Jahr 1729/30 gelobten die Bürger, den Tag des Heiligen künftig besonders feierlich zu begehen, wenn die Stadt verschont bliebe. In einem Schreiben des Rates an den Pfarrer Sebastian Raith wird erläutert, wie die Bürger sich den Ablauf des Festes vorstellten: *„Wegen vorgewester und etwan künftiger Krankheiten habe die gesamte Bürgerschaft ein Lobamt gestiftet sowie eine nachmittägliche Vesper oder Litanei. Dem heyl. Sebasti-*

an allein sowohl zur Danksagung als ferne Bitt um Abwendung aller ansteckhent gefährlichen Seichen und Krankheiten solle gehalten werden". Der Rat versprach, daß die *„Ganze Bürgerschaft, wie auch die bürgerlichen Eheweiber an solchen neuen Festtag"* zu den Sakramenten gehen werde. Seit 1984 gibt es in Grafenwöhr den Brauch, gebackene Sebastianspfeile zu verteilen. Sebastianspfeile aus Metall verkauften 1630 die Jesuiten in München. Sie wurden geweiht und am Hals getragen oder an Rosenkränzen befestigt. Besonders heilsam war ein derartiger Pfeil, wenn er mit der Hirnschale in Ebersberg in Berührung gekommen war.

Über 600 Sebastianspfeile backen die Grafenwöhrer Kolpingsfrauen jedes Jahr und verteilen sie am Hochfest des Heiligen nach dem Gottesdienst mit heißem Tee auf dem Marktplatz im Schatten der Pestsäule mit der Statue des heiligen Sebastian. Aus der Nähe von Grafenwöhr stammt das Exemplar eines alten Gebetbuches, in dem das folgende „Gebett in Pest-Zeit" zu finden ist:

O GOTT der Raach / der du die Übertrettung deines Volcks mit allerhand Straffen pflegst heimzusuchen; wir arme Sünder seuffzen in gegenwärtiger Noth zu dir / und bitten demüthiglich / daß du uns der augenscheinlichen Tods=Gefahr wollest erretten. O wie schwärlich haben wir deine Majestät beleydiget / daß du uns mit dieser vergifften Sucht / und erschröcklichen Pestilentz heimgesucht / und mit einem so erbärmlichen Todt züchtigest. Ist dan niemand O HErr! der deinen Zorn stillen / und die Straff von uns abwenden kan. Ist dan das erbärmliche Leyd=Weesen nicht so mächtig genug / dich zum Mitleyden zu bewegen? So erbarme dich dann unser um unsers lieben Heylands JEsu Christi willen / und wegen der Fürbitt der glorwürdigen Jungfrauen Maria / und aller deiner lieben Heiligen. Du hast ja vor Zeiten / wegen der Fürbitt deines Dieners Davids / dich über dein Volck erbarmet / und dem schlagenden Engel befohlen / seine Hand einzuhalten. O! so erbarme dich dann auch jetzund über dein betrangtes Volck / wegen der Fürbitt deiner H. Dieneren St. Sebastiani / St. Rochi / St. Xaverfi / und aller anderen / welche du uns zu Fürbitteren in der Pest=Zeit gesetzt hast; über alles andere bitten wir dich / du wollest die Plag von uns abwenden / wegen der Mächtigen Fürbitt der glorwürdigen Jungfrauen Mariae / deren kostbarlichste Brust dein Sohn wider das Gifft unserer Sünden so süßiglich gesogen hat. Um diser lieben Jungfrauen willen / befehle / O HErr! dem schlagenden Engel / daß er seyn Schwerdt einstecke / und das arme Volck zu tödten ablasse / so wollen wir deine Güte all-

zeit Danckbar erkennen / und deine Erbarmnuß mit Mund und Hertzen preysen in Ewigkeit / A.

An einigen weiteren Orten der Oberpfalz wird der heilige Sebastian bis zum heutigen Tag besonders verehrt. Als 1711 in Hohenburg eine Viehseuche und Hungersnot herrschte, wurde eine Prozession gelobt. Am Festtag des Heiligen ziehen alljährlich die Gläubigen mit der Monstranz um den Marktplatz wo die Figur des Heiligen mitgetragen wird, über und über mit Silberketten behängt, von der Blasmusik begleitet.

In der Friedhofskirche in Neustadt/Wn. wird jährlich ein feierliches Jahrtagsamt zu Ehren des hl. Sebastian gefeiert, das schon 1634 zum Dank für die Beendigung der Pest gelobt worden war. Zahlreiche Friedhofskapellen in der Oberpfalz sind St. Sebastian geweiht, ebenso zahlreich sind seine Darstellungen auf Seitenaltären und eigene kleinere Sebastianskapellen.

Das Auf und Ab des Sebastiansverehrung wird besonders deutlich in Regenstauf. Als es hier im Jahre 1462 an die 100 Pesttote gab, gelobten die Einwohner, künftig das Fest des heiligen Sebastian besonders feierlich zu begehen und die alte, von den Hussiten zerstörte Sebastianskapelle in Stein wieder aufzubauen. Diese Kapelle wurde im Dreißigjährigen Krieg zerstört. Die Epidemie von 1713/14 wurde zum Anlaß genommen, diese Kapelle neu zu erbauen. Das von dieser Epidemie schwer betroffene Hochdorf gehörte zum Dekanat Regenstauf. Zudem wurde gelobt, das Fest des Heiligen künftig feierlich zu begehen und an seinem Feiertag eine Prozession abzuhalten. Auch die Kapelle verfiel mit der Zeit, bis eine Scharlachepidemie die Regenstaufer wieder an ihr Gelübde erinnerte und zu einer Restaurierung veranlaßte. In der Nähe dieser Kapelle ist man tatsächlich auf ein Massengrab aus der Pestzeit gestoßen. 1894 lebte auch die Sebastiansprozession wieder auf. Heute wird die Sebastianskapelle in Regenstauf als Kriegerdenkmal genutzt.

Gut informiert sind wir über die Sebastiansverehrung in Schwandorf. Der erste erwähnte Sakralbau der Stadt, eine Kapelle auf dem ehemaligen Friedhof hatte das Patrozinium „BMV et S. Anna et S. Sebastian". Diese Kapelle wurde um 1285 erstmals genannt und 1859 abgebrochen, nachdem sie bereits 1804/05 exsekriert worden war.

1679, als von Österreich und Ungarn her wieder eine Pestepidemie drohte, wurde auch in Schwandorf in einem 10-Stunden Gebet

St. Sebastian angerufen und in der Messe die „collecta tempore pestilentiae“ abgehalten. In Anlehnung an derartige Gebete entwikkelte sich in der Pfarrkirche Schwandorf zwischen 1685 und 1698 eine eigene Andacht am Namensfest des Heiligen. Während dieser Andacht wurde ein eigener Sebastiani-Altar aufgebaut, der nach der Andacht wieder abgebaut wurde. Die noch vorhandene Sebastiansfigur dürfte diesem Altar zuzuordnen sein. So, wie wohl jede Epidemie brachte die Seuchengefahr der Jahre 1713/14 erneut einen Anstieg der Sebastiansverehrung mit sich. Die Gläubigen bemühten sich in Schwandorf um eine Auszeichnung ihrer Sebastianskapelle, so auch in Schwandorf, wo Papst Clemens XI. für die Kirche des hl. Sebastian in Schwandorf am 18.7.1716 einen vollkommenen Ablaß für alle erließ, die Buße getan, gebeichtet und kommuniziert und am St. Sebastianstag die Kirche besucht hatten. Denselben Ablaß erließ der Papst einen Monat später am 14.8.1716 für die Sebastianskapelle bei der Langen Meile. Die Sebastiani-Andachten wurden 1804/05 in die Pfarrkirche St. Jakob verlegt. Jedes Jahr wird die Figur am St.-Sebastianstag in der Pfarrkirche gezeigt , dann steht sie wieder auf der Wartebank im Amtszimmer des Pfarrherrn von St. Jakob und jedes Jahr erleben die Kirchenbesucher die festlich gesungene St.-Sebastiani-Litanei in einer Nachmittagsandacht. Bis zum Jahre 1697 reichen die Kirchenrechnungen zurück für das „Truherl“ am kleinen S. Sebastiani-Altar. Ab dem Jahr 1830 ist eine Sebastiani-Oktav genannt, die durch einen Opferkasten und eine Haussammlung von angesehenen Bürgern finanziert wurde. Noch heute wird für den Sebastiansfonds gesammelt, die Oktav aber nicht mehr gehalten. Ein Überbleibsel derartiger Sebastians-Oktaven scheint der Sebastians-Rosenkranz zu sein, der in einigen Orten der Oberpfalz im Januar eine Woche lang gebetet wird.

Die hl. Walburga

In der Gruft der heiligen Walburga in Eichstätt sammelt sich zu bestimmten Zeiten des Jahres das „Walburgisöl“, reines Wasser, das wegen seiner Heilwirkung „Öl“ genannt wird. Es beginnt jedes Jahr ungefähr Anfang Oktober zu fließen und Ende Februar, am 25. Februar ist der Todestag der Heiligen, hört der Ölfluß auf. In einer Schale wird das Walburgisöl aufgefangen und in die ganze Welt verschickt. Neben anderen Krankheiten sollte das Walburgisöl gegen die Pest helfen. Auf dem Lamberg bei Cham bestand ein beliebtes Walburga-Heiligtum im Bereich der Diözese Regensburg. Eiserne Votivtiere, die hier früher vorhanden gewesen sind, belegen ihr Patronat für Viehkrankheiten.

St. Quirin

Ein beliebter Heiliger in der mittelalterlichen Volksfrömmigkeit war St. Quirin. Er besaß in Neustadt/Wn. und St. Quer bei Michaelsneukirchen zwei einst vielbesuchte Gnadenstätten. Er wurde besonders bei körperlichen Gebrechen angerufen. Geopferte Hufeisen weisen ihn auch als Viehheiligen aus. Besonders im Mittelalter galt er als Pestheiliger. Während der Reformation konnte sein Kult nicht unterbunden werden, trotz Hindernissen durch die Obrigkeit wurde er weiter verehrt. In Neustadt wird St. Quirin St. Potzer genannt. St. Quer bei Michaelsneukirchen wird zusammen mit St. Vitus und dem heiligen Wolfgang schon seit 1322 verehrt.

Die Heiligste Dreifaltigkeit

Die Verehrung der Heiligsten Dreifaltigkeit ist für das 17. Jahrhundert kennzeichnend. Zahlreiche Pestsäulen wurden als Dreifaltigkeitssäulen errichtet. Die Dreifaltigkeitskirchen in der Oberpfalz, die meist auf den Bergen errichtet wurden und heute noch beliebte Wallfahrtsziele sind, stammen fast alle aus dem letzten Viertel des 17. Jahrhunderts: Armesberg, Fahrenberg, das Kappl, Schmidmühlen, der Eichlberg und der Miesberg. Die Kirche in Steinweg oberhalb Stadtamhof, auch eine Dreifaltigkeitskirche, stammt aus dem Jahr 1713 und wurde zum Dank für die Befreiung von der in Regensburg grassierenden Pest erbaut.

Der Diözesanpatron St. Wolfgang

Sehr bewegt zeigt sich das Wallfahrtswesen anläßlich der Pest in Burglengenfeld, wo sich die Einwohner in ihrer Not an den Diözesanheiligen Wolfgang wandten. Als 1622 in der Stadt die Pest ausbrach, soll auf die Fürbitte des hl. Wolfgang die Seuche zum Stehen gekommen sein und zum Dank baute man auf der Höhe des damaligen „Gaisberges" eine Wolfgangskapelle. Als es fünf Jahre später erneut zu einer Epidemie kam wurde eine Prozession nach St. Emmeram in Regensburg gelobt. In der Urkunde vom 31. Okt. 1627 heißt es:

„. . . versprechen und geloben wir . . . soleniter für uns und unsere Nachkommen in Kraft dieß, daß wir nicht allein uf das nächste, wann offener freyer Paß sein wird, sondern auch fürohin zu ewigen Zeiten über das dritte Jahr hernach einmahl an einen bequemen Tag mit einer öffenlichen Procession und Waxkörzen bemalten heil. Patron St. Wolfgang in seiner occidentalischen Gruft bei seinem wun-

derthätigen Heyltum . . . zu Regenspurg heimsuchen, und unser Gebeth dießorts Gott dem allmächtigen durch seiner Heilligen Fürbitt in höchster Demuth ufzuopfern, daß seine göttliche Allmacht und Barmherzigkeit unser solche, seines katholischen Glaubens öffentliche Protestation und Erzeigung gütiglich ansehen und andere hernachfolgende Plagen von uns, unsern Nachkommen und gemeiner Stadt gnägdigst abwenden wolle".

Noch im Pestjahr 1627 wallfahrteten die Burglengenfelder nach Regensburg und drei Wochen später erlosch die Pest. Erst 1660 unterblieb die Wallfahrt *„wegen eingefallener Kriegsläuft und harter Zeit"*. Als 1713 in Bayern die Seuche erneut ausbrach, Burglengenfeld aber verschont blieb, erinnerten sich die Einwohner ihres Gelöbnisses und die Wallfahrt lebte wieder auf. Mit einer neun Pfund schweren Kerze pilgerten die Gläubigen am Fest des hl. Jakobus nach Regensburg, dann alle drei Jahre, jeweils am Pfingstmontag. Wie umfangreich die Prozession war, zeigt der Zug von 1753, der 40 Nummern umfaßte:

1. *Genius*
2. *zwei rothe Fähnlein*
3. *die rothe Fahne*
4. *das Crucifix mit zwei Duktoribus (Begleitern)*
5. *die Schulkinder*
6. *das Labarum S. Viti (stehendes Fahnenbild des Pfarrpatrons)*
7. *Junggesellen mit der Maurerfahne*
8. *lediges Bauernvolk*
9. *Labarum S. Georgi (Standarte des alten Stadtpatrons)*
10. *die dazu stoßenden Bauern*
11. *Bruderschafts-Labarum*
12. *Bauern mit rothen Leibeln*
13. *Genius*
14. *Labarum der Johann Nepomuk Bruderschaft*
15. *Consilium der Johann Nepomuk Bruderschaft im blauen Ornat*
16. *Zwei Präsides dieser Bruderschaft (Kapuziner)*
17. *das Crucifix der Corporis Christi Bruderschaft mit zwei Duktoribus in Mäntel*
18. *das Consilium Corporis Christi in rothem Ornat*
19. *der Präses der Bruderschaft*
20. *die Zünfte mit ihren Stäben*

21. *der Genius mit dem Schild (auf diesem Schild war in der Regel ein sog. Chronostikon zu Ehren des hl. Wolfgang gemalt)*
22. *Labarum St. Wolfgangi*
23. *die übrigen Handwerksstäbe*
24. *die Bruderschaftsfahne*
25. *Musikanten*
26. *der Genius mit der Opferkerze und zwei Pagen*
27. *Hochw. Herr Stadtpfarrer*
28. *Titl. Herrn Beamten*
29. *das große Labarum*
30. *der Stadtmagistrat*
31. *Bürger in Mänteln*
32. *die übrigen Bürger*
33. *das übrige Bauernvolk*
34. *die blaue Fahne*
35. *die Jungfrauen mit dem Liebfrauenbild*
36. *die Rathsfrauen*
37. *das Frauen Labarum*
38. *die Bürgersfrauen*
39. *die ledigen Bauernmädchen*
40. *die Pottenstettner Fahne mit sämtlichen Bauernweibern*

Im Jahr 1720 kostete die Prozession der Gemeinde immerhin 75 fl. Die Wallfahrt wurde, wie viele andere auch, während der Säkularisation verboten. Dreimal versuchten die Burglengenfelder, für ihre Prozession eine Genehmigung zu bekommen. Die Bemühungen waren jedoch vergeblich. 1714 wurde in der Burglengenfelder Vorstadt die Sebastianskapelle vollendet. Auf einer Gedenktafel heißt es dazu:

„Im Jahre 1622 wütete die Pest in hiesiger Stadt, vor welchem Unglücke dieselbe jedoch von Gott auf Fürbitte des hl. Wolfgang bald befreit wurde. Als aber 1713 dieselbe Pest in der Stadt, als auch in der Umgebung mächtiger als zuvor um sich griff, so erbauten die hiesigen Bewohner zu Ehren des hl. Sebastian, der hl. Rosalie und der hl. Barbara diese Kirche, auf deren Fürbitte Gott gnädigst dies Übel abwendete."

Diese Kapelle fiel dem Bahnbau zum Opfer, wurde aber 1902 neu errichtet.

Da dem Magistrat der Bittgang zum heiligen Wolfgang verwehrt worden war, zogen die Gläubigen auf den Kreuzberg, wo in der Dreifaltigkeitskirche bis heute ein Bittamt gehalten wird. 1823 ließen die Burglengenfelder auch das Votivbild des hl. Wolfgang erneuern, das die Inschrift trug:

„Ex voto civitatus Burglengenfeldae ad Sanctum Wolfgangum propter exortam pestem annis 1627 & 1713, die 10. mens Augusti anno 1823 instaurato“.

Zu deutsch: Aus Gelöbnis der Stadt Burglengenfeld zum hl. Wolfgang wegen entstandener Pest in den Jahren 1627 u. 1713, welches erneuert wurde am 10. August 1823.

Den 14 Nothelfern ist die Friedhofskapelle in Hirschau geweiht. Um 1700 entstand der Hochaltar mit seinem originellen Akanthusschnitzwerk.

„Zur Abwendung leiblicher Übel, Seuchen und Krankheiten“

Bruderschaften

Eine besondere Verehrung wurde den Heiligen in den Bruderschaften zu teil. Seit dem 15. Jahrhundert wurden viele davon gegründet und die Mitglieder hatten sich besonders die Verehrung einzelner Heiliger zur Aufgabe gemacht. Eine wichtige Rolle spielte dabei die Sicherung des eigenen Seelenheils und das Gedächtnis der Verstorbenen, besonders bei den schon erwähnten Anna-Bruderschaften. Einige Bruderschaften waren nur von örtlicher Bedeutung, andere wirkten überregional und ihre Mitglieder gingen in die Zehntausende. Einige mittelalterliche Verbrüderungen widmeten sich der Pflege der Pestkranken und dem Begräbnis der Pesttoten, wie die Pauliner, auch die „Väter des Todes“ genannt, die Alexandriner, die Beginen und Begarden.

Die barocken Totenbruderschaften entstanden aus den Nöten des Dreißigjährigen Krieges heraus und unter dem Eindruck der grauenhaften Pestepidemien des 17. Jahrhunderts. In der Oberpfalz wurden vor allem Maria-Hilf-Bruderschaften gegründet, wie in Freystadt, Neumarkt, Lengenbach, Batzhausen und in der Diözese Regensburg in Altendorf, Amberg, Auerbach, Beratzhausen, Cham, Ensdorf, Eschenbach, Eschlkam, Fronberg, Fuchsmühl, Furth i.W., Grafenwöhr, Kastl, Kemnath, Kelheim, Kötzting, Lam, Mitterteich, Rohrbach, Regensburg, Schlicht, Schmidmühlen, Schwandorf, Vilshofen, Waldmünchen und Wiesenfelden.

Auch im übrigen Deutschland und in Österreich wurde die Sebastiansverehrung seit dem Spätmittelalter vor allem durch die karitativen Pestbruderschaften getragen, die St. Sebastian als ihren Heiligen verehrten. Während der Reformation gerieten viele Sebastiansbruderschaften in Vergessenheit, wurden aber in den Pestzeiten des 17. und 18. Jahrhunderts erneuert. Nach dem „Ersten Katalog von Bruderschaften in Bayern“ werden allein 193 Sebastiansbruderschaften gezählt, die meisten Meldungen bei Heiligenbruderschaften. Mehrere Bruderschaften wurden bereits im 15. Jahrhundert gestiftet, wie etwa Dietfurt (errichtet 1438, neubelebt 1638), Neumarkt (1486), Greding (1500), Kipfenberg (1614). Viele andere Sebastiansbruderschaften erhielten ihre Bestätigung erst im 18. Jahrhundert, bestanden aber schon lange vorher, wie z.B. in Freystadt (bestätigt 1767), Breitenbrunn (1725 genannt, 1772 formell errichtet), Batzhausen, Bruck, Schönthal, Wiesenfelden, Wörth a.d. Donau (die Skalpulierbruderschaft in Schwandorf, die 1722 bestätigt wurde, soll aus Dankbarkeit gegründet worden sein, daß die Stadt im Jahr 1713 vor der im Amt grassierenden Pest verschont blieb). Der Vatikan hat 1968 das Ablaßwesen neu geordnet. Dabei wurde auch der Zweck der Bruderschaft neu definiert. Dabei heißt es bei dem Punkt „Zweck der Bruderschaften“ u.a.:

Sie dienen *„der Abwendung leiblicher Übel, Seuchen und Krankheiten, ebenso auch der Kriegs- und Hungersnot.“*

Häufig wurde Burglengenfeld von der Pest ergriffen. An die Pestjahre 1622 und 1713 erinnert die Gedenktafel in der Sebastianskapelle.

„. . . Buchstaben gegen die Pest zu tragen“

Pestamulette

Während sich die einen in ihren Seuchennöten an die Heiligen wandten, suchten die anderen Schutz durch Amulette u.ä. zu erreichen.

Tau-Kreuze als Amulette gegen die Pest finden sich in vielen Museen Europas. Schon im Altertum galt das Tau als Schutzmittel. Bei diesem Amulett in der Form des 18. Buchstabens des griechischen Alphabets soll es sich um die Form eines Kreuzes handeln, das die Kutte des Einsiedlers und Pestheiligen Antonius geziert hat. Die meisten uns erhaltenen Tau-Amulette sind aus Metall, oft mit einem Pestheiligen oder dem Gekreuzigten darauf, manchmal sind auch Schlangen abgebildet. Auf zahlreichen Pestblättern und Pestsegen prangt das Tau. Die Antoniter, ein Orden, der sich vor allem der Pflege der Pestkranken widmete, trugen einen Stab mit dem Tau an der Spitze. Das Tau in einem Ring wurde als Rochussiegel bezeichnet und sollte ebenfalls gegen die Pest helfen.

Ein anderes Kreuz, das aus dem spanischen Caravaca stammende Doppelkreuz war besonders in Süddeutschland geschätzt. Das Caravaca-Kreuz besteht aus einem längeren Querbalken und einem kürzeren jeweils oberhalb und unterhalb des langen Balkens. Dieses Kreuz hatte eine Doppelfunktion. Mit der Darstellung von Wetterheiligen galten diese Kreuze als Wetterkreuze. So wurden derartige Kreuze, die in den fünfziger Jahren noch auf dem Weg von Unterauerbach nach Altendorf oder bei Dürnsricht bestanden, im Volk allgemein als „Wetterkreuze“ bezeichnet. Ein dreibalkiges Kreuz, das im Sommer 1988 in Schwarzenberg, in den mächtigen Waldungen zwischen Naab und Regen, durch ein neues Kreuz ersetzt wurde, wird im Volksmund als *„Pest, Hungersnot und Krieg“* bezeichnet. Ein Wandel vom Pestkreuz zum Wetterkreuz ist anzunehmen.

Das Scheyern-Kreuz, ein Kreuz mit einem längeren und einem kürzeren Querbalken sollte von *„Pest, Hagel, Feuer, Donner, bösen Nachstellungen und allem Übel“* befreien. Derartige Kreuze in den Fluren hießen im Volksmund „Schauerkreuze“ und sollten offensichtlich den Hagel abwenden. Zahlreiche Flurkreuze werden von einem Scheyern-Kreuz gekrönt. Aber auch auf vielen Pestschutzbriefen waren Scheyernkreuze zu finden. Schutzbriefe waren im Volk weit verbreitet. Noch im ersten Weltkrieg wurden Soldaten z.B. in der Gegend von Erbendorf mit sog. „Kriegsbriefen“ ausgerüstet. Diesen „Haus- und Schutzbriefen“ wurde eine große Macht zugeschrieben. Jeder, der einen solchen Brief bei sich trug, sollte von Unheil verschont bleiben.

Auf einem Pestschutzbrief heißt es z.B., es bezeuge der heilige Solarius, Bischof von Salamanca, daß im Consilio von Trient anno 1545 über 20 Bischöfe und Ordensgenerale an der Pest starben. Da habe der Patriarch von Antiochia allen geraten, folgende Buchstaben, so dem heiligen Zacharias, Bischof von Jerusalem, mit ihrer Auslegung in Beschwörung hinterlassen worden als ein gewisses Mittel gegen die Pest bei sich zu tragen. Und als dies geschehen, da ist kein einziger mehr an der Pest gestorben. Wenn man die folgenden Buchstaben über eine Tür schreibe, werden alle die in dem Haus wohnen, von der Pest bewahrt:

Z.D.J.A.
B.J.Z.
S.A.B.
J.H.G.P.

Hier handelt es sich um den „Zacharias-Segen“. Jeder Buchstabe bedeutet ein Gebet zur Abwehr der Pest.

Für die Buchstaben wurden schon viele Deutungsversuche unternommen, was nicht ganz einfach ist, denn oft ist die Anordnung auf den Balken verschieden, Buchstaben wurden verwechselt oder ganz übersehen. Bei der Erneuerung der Kreuze verschwanden meist diese geheimnisvollen Buchstaben, teils aus Unleserlichkeit, teils aus Unkenntnis. Auf Glocken, die den Wetterunbilden weniger ausgesetzt sind, ist das Zachariaskreuz manchmal noch zu finden.

Und so werden die Buchstaben gedeutet:

Auf dem Längsbalken und auf den zwei Querbalken sind 18 Buchstaben und 7 Kreuzzeichen in folgender Ordnung angebracht: Auf dem Längsbalken von oben nach unten: +Z + BIZ + SAB + Z +. Auf dem Querbalken oben: DIA +. Auf dem unteren Querbalken: HGF + BFRS. Diese Buchstaben sind Anfangsbuchstaben von Psalmversen oder Gebeten, die auf die Abwendung der Pest sich beziehen.

1. Der Längsbalken (oberes Stück)

Jedes der 7 Kreuzchen bedeutet einen Hilferuf, ein Gebet. Das 1. Kreuz

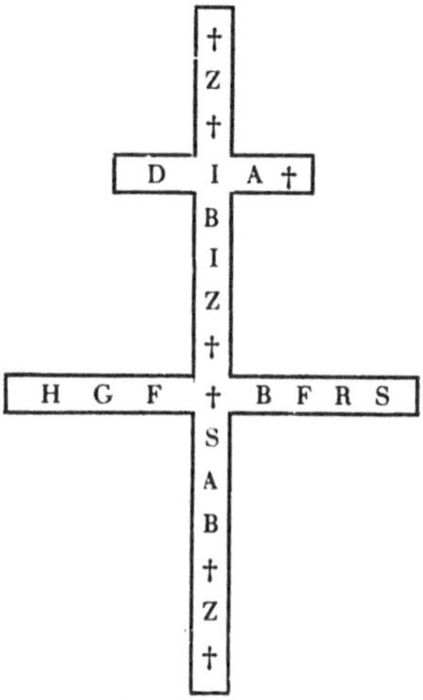

Der Zachariassegen galt als Hilfsmittel gegen die Pest. Die Buchstaben bedeuten die Anfänge von verschiedenen Gebeten gegen den „Schwarzen Tod“.

Weitverbreitete Pestamulette waren sog. Scheyernkreuze. Hier Beispiele aus dem Heimatmuseum Parsberg (Lkr. Neumarkt).

+ = Crux Christi salva me (Kreuz Christi, befreie mich).

Z = Zelus domus tuae liberet me (Der Eifer für Dein Haus rette mich).

+ = crux vincit, crux regnat, crux imperat. Per signum crucis libera me Domine (Das Kreuz siegt, herrscht, triumphiert. Durch das Zeichen des Kreuzes befreie mich, o Herr).

Längsbalken (mittleres Stück B I Z +)

B = Bonum est, praestolari auxilium Dei cum silentio, ut expellat pestem a me (Gut ist es, ruhig auf des Herrn Hilfe zu warten, auf daß er die Pest von mir entferne (Klagelieder Jeremias 3,26).

I = inclinabo cor meum ad faciendas justificationes tuas, ut non confundar, quoniam invocavite te (nach Psalm 118,112) (Ich will hinneigen mein Herz zur Haltung Deiner Satzungen, damit ich nicht beschämt werde, denn ich habe Dich angerufen.)

Z = zelavi super iniquos, pacem peccatorum videns et speravi in te.(Psalm 72,3) (Ich eiferte für die Ungerechten, da ich den Frieden der Sünder sah und ich hoffte auf Dich.)

+ = crux Christi fugat daemones, aerem corruptum et pestem expellat (Es jage das Kreuz Christi die bösen Geister in die Flucht und es vertreibe die verdorbene Luft und die Pest.)

Längsbalken (unteres Stück S A B + Z +)

S = Salus tua ego sum, dixit Dominus. Clama ad me et ego exaudiam te et liberabo te ab hac peste (nach Psalm 34,3 und 90,15) (Ich bin Dein Heil, spricht der Herr. Rufe zu mir und ich will Dich erhören und dich von dieser Pest befreien.)

A = Abyssus abyssus invocat et voce tua expulisti daemones. Libera me ab hac peste (die ersten 3 Worte aus Psalm 41,9) (Ein Abgrund ruft es dem anderen zu und mit Deiner Stimme hast Du die bösen Geister vertrieben. Befreie mich von dieser Pest.)

B = Beatus vir, qui sperat in Domino et non respexit in vanitates et insanias falsas (nach Psalm 36,6) (Glückselig der Mann, der seine Hoffnung auf den Herrn setzt und sich nicht umsieht nach Eitelkeiten, nach Lug und Torheit.)

+ = crux Christi, quae antea fuit in opprobrium et contumeliam et nunc in gloriam et nobilitatem, sit mihi in salutem et expellat a loco isto diabolum et aerem corruptum et pestem a corpore meo. (Das Kreuz Christi, das einst zur Schande und Schmach diente, jetzt aber zur Ehre und zum Ruhme gereicht, sei mit zum Heile und vertreibe von diesem Orte den Teufel und die verpestete Luft und von meinem Leibe die Pest.)

Z = Zelus honoris Dei converta me, antequam moriar et in nomine tuo salva me ab hac peste. (Der Eifer für Gottes Ehre durchdringe mich bevor ich sterbe und in Deinem Namen errette mich von dieser Pest.)

+ = Crucis signum liberat populum Dei et a peste cos, qui confidunt in eo (Das Zeichen des Kreuzes errette das Volk Gottes und befreie von der Pest alle, die auf Gott hoffen.)

2. Der obere Querbalken (D I A +)

D = Deus. Deus meus expelle pestem a me et a loco isto. Libera me. (O Gott, mein Gott vertreibe die Pest von mir und von diesem Orte. Befreie mich.)

I = In manus tuas, Domine, commendo spiritum meum, cor et corpus meum (nach Lukas 23,46) (In Deine Hände empfehle ich meinen Geist, mein Herz und meinen Leib.)

A = Ante coelum et terram Deus erat et Deus potens est, ab hac peste me liberare (Bevor Himmel und Erde waren, war Gott und Gott ist mächtig, mich von der Pest zu bewahren.)

+ = crux Christi potens est ad expellendam pestem ab hoc loco et etiam a corpore meo (Das Kreuz Christi ist mächtig, die Pest von diesem Orte und auch von meinem Leibe zu vertreiben.)

3. Der untere Querbalken (H G F + B F R S)

H = Haccine reddis Domino, popule stulte? Redde vota tua, offerens sacrificium laudis et fide illi, qui potens est, istum locum et me ab hac peste liberare, quoniam qui confidunt in eo non confudentur. (Vergeltest Du so dem Herrn, du unverständiges Volk? Erfülle deine Gelübde durch Darbringung des Lobopfers und vertraue auf ihn, der da mächtig ist, diesen Ort und mich von der Pest zu befreien, denn jene die auf ihn hoffen, werden nicht zu Schanden werden.)

G = Gutturi meo et faucibus meis adhaereat linqua mea, si non benedixero tibi. Libera sperantes in te. In te confido, libera me deus ab hac peste et locum istum, in quo nomen tuum invocatur, (Es klebe meine Zunge an meinem Gaumen, wenn ich Dich nicht preise. Befreie jene, die auf Dich hoffen. Ich hoffe auf Dich. So befreie mich denn von dieser Pest und auch diesen Ort, in welchem Dein Name angerufen wird, (nach Psalm 136,6)).

F = Factae sunt tenebrae super universam terram in morte tua. Domine, Deus meus, fiat lubrica et tenebrosa diaboli, expelle potentia tua a loco et a me servo tuo pestem istam Discedat aer corruptus a me in tenebras exteriores (Anklingend an Lukas 23,44) (Es sind Finsternisse hereingebrochen über die ganze Erde bei Deinem Tode. O Herr, mein Gott . . die Macht des Teufels werde zu schanden. Da Du gekommen bist, die Werke des Teufels zu zerstoren, so verteibe durch Deine Macht diese Pest von mir und von diesem Orte. Es weiche von mir die verpestete Luft in die äußersten Finsternisse.)

+ Crux defende nos et expelle a loco isto pestem et servum tuum libera, quia benignus es et misericors et multae misericordiae et verax. (Kreuz Christi beschütze uns und vertreibe die Pest von diesem Orte und befreie Deinen Diener, denn Du bist gütig und barmherzig. Von großer Erbarmung bist Du und wahrhaft.)

B = Beatus, qui non respexit in vanitates et insanias falsas, in die mala liberabit eum deus. Domine in te speravi, libera me ab hac peste. (nach Psalm 39,6) (Glückselig der Mann, der sich nicht umsieht nach Eitelkeiten, nach Lüge und Torheit. Am bösen Tage wird ihn Gott befreien. O Herr, ich hoffe auf Dich, befreie mich von dieser Pest.)

F = Factus est Deus in refugium mihi, quia in te speravi, libera me ab hac peste (nach Psalm 93,22) (Der Herr ist mir zur Zuflucht geworden. Weil ich auf Dich hoffe, befreie mich von dieser Pest.)

R = Respice in me Domine, Deus meus, Adonai de sede sanctae majestatis tuae, et miserere mei et propter misericordiam tuam ab hac peste libera me. (nach Psalm 21,1) (Blick auf mich, o Herr, mein Gott Adonai vom Throne Deiner heiligen Majestät. Erbarme Dich meiner und um Deiner Barmherzigkeit willen befreie mich von dieser Pest.)

S = Salus mea tu es, sana me et sanabor, salvum me fac et salvus ero (Jeremias 17,14) (Du bist meine Rettung, heile mich und ich werde geheilt werden, hilf mir und es wird mir geholfen.)

Wie zu ersehen, sind alle diese Anrufungen gegen die Pest gerichtet. Es sollen diese Hilferufe zur Abwendung der Pest zu Gott im Himmel emporschreien, wie wir ja auch in der Allerheiligenlitanei zu Gott beten: *„Von Pest, Hunger und Krieg, erlöse uns, laßleben o Herr!“*. (nach Lang, J. : Das Pestkreuz in : Die Oberpfalz 1957)

Die gleiche Funktion wie die Schutzbriefe hatten die „Breverl“. Dabei handelt es sich um Kupferstiche oder Holzschnitte des

16.-18. Jahrhunderts, die in Briefform zusammengefaltet in Hüllen aus Leder, Seide oder Metall an einer Schnur um den Hals getragen wurden. Öffnet man derartige Briefe, die zusammengefaltet eine Größe von 4-6 cm im Quadrat haben, so erscheinen verschiedene Heilige, Schutzpatrone gegen die unterschiedlichsten Krankheiten.

Pestheilige fehlen auf den Breverln selten, oft sind auch noch zusätzliche Abwehrmittel angebracht, wie Sebastianspfeile oder Taukreuze. Im Städtischen Museum in Salzburg findet sich ein Pestamulett mit einer Gebrauchsanweisung, wo es heißt:

„Wann die leidige Sucht der Pest regiert, sollen die Amulette auf der Brust getragen werden. Wenn man sich schon infiziert oder übel befindet, soll man gleich das Amulett dahin binden, wo sich der Schmerzen erzeiget, wann der Schaden schon groß war, soll man das Amulett außtun und bloß auf den Schaden legen, so zieht es gleich das Gift an sich. Wenn man stark blutet und das Blut nicht stillen kann, soll man das Amulett auf das Herz binden. Wer dieses Amulett stets am Herz trägt, dieser ist sicher von vielen unterschiedlichen Zufällen und vergifteten Lüften. Dies Amulett ist in allzeit wieder zu gebrauchen und wird von Gift stärker, als der Magnet von Eisen.“

Im Nittenauer Heimatmuseum befindet sich ein alter Feuer- und Pestsegen, der aus der Steflinger Gegend stammen soll und der fast gegen alles angewendet wurde: Feuersbrunst, Zauberei, Gespenster, Krankheiten. Er lautet:

„Eine wahre und approbirte Kunst in Feuersnöthen und Pestilenz-Zeit nützlich zu gebrauchen Von einem christlichen Zigeunerischen König aus Egypten. Anno 1714 den 10ten Juni, wurden im Königreich Preußen 6 Zigeuner mit dem Strang gerichtet, der 7te aber eine Mann schon mit 80 Jahren, sollte mit den 16ten daraus mit dem Schwerd gerichtet werden, weil aber ihm zum Glück eine unversehene Feuersbrunst entstanden, so wurde der alte Zigeuner losgelaßen, und zu dem Feuer geführt, alda seine Kunst zu probiren, welches er auch mit großer Verwunderung der Anwesenden gethan, die Feuersbrunst in einer halben Stunde besprochen, daß solche ganz und gar ausgelöscht und aufgehört hat. Worauf ihm dann nach abgelegter Probe, weil er auch solcher ist auch von einen König, Preußischen Regierung und dem General-Superintenden zu Königsberg für gut erkannt, und öffentlich in Druck gegeben worden. Erstlich gedrukt zu Königsberg im Preußischen bey Alexander Baumann Anno 1715

Sei willkommen Du feuriger Gast, greif nicht weiter als was Du hast; Daß zehl ich Dir Feuer zu einer Buß, im Namen Gottes des Vaters, Sohns und des heil. Geistes. Ich gebiethe Dir Feuer bey Gottes Kraft, die alles thut und alles schaft. Du wollest stille stehen, und weiter gehen. So wahr Christus stand, am Jordan, da ihn tauffet Johannes der heilige Mann.

Daß zehl ich Dir Feuer zu einer Buß, im Namen der allerheiligsten Dreyfaltigkeit. Ich gebiethe Dir Feuer bei Gottes Kraft, Du wolltest legen Deine Flammen. So wahr Maria behielt ihre Jungfrauschaft vor allem Samen. Die sie behielt so keusch und rein, drum stell Feuer Dein Wüten ein. Dieß zehl ich die Feuer zu einer Buß im Namen der allerheiligsten Dreyfaltigkeit. Ich gebiethe Dir Feuer Du wolltest legen Dein Glut, bey Jesus Christus theuer Blut, das er für uns vergoßen hat, für unsre Sünd und Missethat. Daß zehl ich dir Feuer zu einer Buß im Namen Gottes des Vaters, Sohns u. des heil. Geistes. Jesus Nazarenus, ein König der Juden, hielf uns im diesen Feuersnöthen, und bewahre dieß Land und Gränz, für alle Seuch und Pestilenz.

Wer diesen Brief in seinem Hause hat, bey dem wird keine Feuersbrunst entstehen oder auskommen, ingleichen so eine schwangere Frau diesen Brief bey sich hat, kann werden Ihr noch Ihrer Frucht eine Zauberey noch Gespenst schaden, auch so Jemand diesen Brief in seinem Hause, oder bey sich trägt, ist sicher von der ledigen Seuch und Pestilenz.

Christtag und am Ostertag muß man 5 Vatter unser und Glaub an Gott Vatter bethen Gott zu Ehren für seyn Bitters Leiden und Sterben.“

Als Stadtheiliger genießt St. Sebastian in Grafenwöhr (Lkr. Neustadt) eine besondere Verehrung. Aus dem 16. Jahrhundert stammt die Pestsäule auf dem Marktplatz.

„. . . daß unmeglich einen Totten Kerber mehr darin zu legen“

Pestsäulen und Pestfriedhöfe

Mittelalterliche Steinkreuze, meist als Sühnekreuze für einen Totschlag errichtet, werden in der Gegend um Regensburg gerne „Pestkreuze“ genannt, während sie in anderen Gegenden der Oberpfalz den Hussiten, Schweden oder Franzosen zugeschrieben werden. Sogenannte Pestsäulen stehen oft in keinem direkten Zusammenhang mit dem Schwarzen Tod. Oft sind es nur Lichthäuschen auf ganz gewöhnlichen Friedhöfen. Auf der anderen Seite können einzelne Kapellen oder Kreuze am Rande von Ortschaften auf einem ehemaligen Pestfriedhof errichtet worden sein. Wenn dazu diese Kapelle einem Pestheiligen geweiht ist, wie z.B. in Bruck dem hl. Sebastian und dazu noch das Bild des hl. Christophorus gefunden wird, ist der Zusammenhang mit Massengräbern aus der Pestzeit sehr wahrscheinlich. Ein Beweis ist schwer anzutreten, wenn einem nicht der Zufall zu Hilfe kommt, wie in Regenstauf, wo 1862 ein Massengrab gefunden wurde, in dem die Gebeine mit Kalk bedeckt waren.

Eindeutig der Pestzeit zuzuordnen ist ein Bildstock, im Volksmund Pestkapelle genannt, der an der Straße von Hirschau nach Ehenfeld liegt und auf dem die Worte stehen:

Zur Erinnerung an die Pestjahre 1633 und 1634.

Im Raum Hirschau, Ehenfeld und Massenricht finden sich noch weitere vier Säulen, die im Volksmund als „Pestsäulen“ oder als „Pestmarterl“ bezeichnet werden. Eine davon steht neben einer Nothelferkapelle, in deren Nähe am Ende des 16. Jahrhunderts ein neuer Friedhof angelegt wurde. Dieser befand sich in der damaligen Zeit außerhalb des Stadtbereichs. Ein Bezug zu Seuchenzeiten ist in diesem Fall sehr wahrscheinlich. Ob die drei anderen Säulen eine Verbindung zur Pest haben, kann nicht eindeutig geklärt werden. Die Friedhofskapelle in Rötz, der Schmerzhaften Muttergottes geweiht, wurde der Sage nach zum Dank dafür erbaut, daß die Stadt von der Pest verschont blieb. Daß hier vor der Zeit der Erbauung bereits Pesttote begraben wurden, ist wahrscheinlich. Eindeutiger zuzuordnen ist ein Grabstein, der 1714 im Garten des Pestinhofes auf dem Unteren Wöhrd in Regensburg gesetzt wurde. Darauf heißt es:

„Dieser Stein zeigt . . . denjenigen Ort, bei dem Mitte des Monats

Juli 1713 durch Gottes Verhängnis uns um unserer schweren Sündenwillen entstandenen und bis zur Hälfte des Monats Februar 1714 wiederum durch die herzliche Barmherzigkeit des Allerhöchsten geendigte Kontagion (Seuche) die an dieser Krankheit verstorbenen Personen begraben worden.

Hier deckt die kühle Erde bei etlich tausend Leichen, die Gottes schwere Hand durch Pest hat hingerafft. Mein Leser, denk daran, laß dich zur Buß erweichen, Wo nicht, so wirst auch du wie die von Gott gestraft."

Von vielen Pestfriedhöfen gibt es keine Zeugnisse mehr. Sie erfuhren keine Pflege, wurden vergessen. Höchstens ein Flurname oder eine Sage erinnert noch an die frühere Verwendung. Schon im 11. Jahrhunderts lassen sich in Zeiten großer Sterblichkeit vorübergehend benutzte Begräbnisplätze nachweisen, die meist in größerer Entfernung zum angestammten Friedhof lagen. Da in Seuchenzeiten Einzelbestattungen nicht mehr möglich waren, waren vor allem im 14.-18. Jahrhundert Massengräber üblich. In den Städten wurden allerdings die Armen auch sonst nicht selten in Massengräbern bestattet. Wenn der Friedhof in Seuchenzeiten überfüllt war, wurde in der Regel etwas außerhalb der Ortschaft ein zweiter Friedhof angelegt, der dann später noch als Friedhof Verwendung fand. So geschah es z.B. in Hahnbach, wo von August 1582 bis Januar 1583 insgesamt 224 Menschen an der Pest gestorben sind.

Ein böhmischer Ochsentreiber, der am 26. Juli im Spital gestorben war, hatte die Seuche eingeschleppt. Für die Pestopfer wurde außerhalb des Marktes, am oberen Tor, ein neuer Gottesacker angelegt. Den Sterbematrikeln nach war eine Magd aus Süß, die am 31. Okt. 1582 gestorben war, die erste, die auf dem neuen Friedhof beerdigt wurde. Ähnlich wie in Hahnbach ging man auch in Hirschau, Bruck, Weiden, Regenstauf und Geigant vor. Wenn der Friedhof nicht weiterbenutzt wurde, geriet er bald in Vergessenheit oder allenfalls ein Kreuz oder eine Kapelle erinnert noch an die Toten, wie in Regenstauf oder in Hochdorf. In Regensburg ergriff der Magistrat eine andere Möglichkeit: Nach der Epidemie von 1520/21 wurde das Friedhofsniveau einfach durch die Aufschüttung von mehreren 100 Fuhren Sand auf dem Domfriedhof erhöht, so daß die später Verstorbenen über den früher verstorbenen Pesttoten zu liegen kamen. Dies scheint ein nicht unüblicher Brauch gewesen zu sein und erklärt, warum so viele alte Kirchen soweit unter dem

Niveau des sie umgebenden Friedhofs liegen, wie z.B. in Schnufenhofen. An anderen Orten wurden nur einzelne Teile des Friedhofes für Seuchentote hergenommen, wie in Degerndorf, wo lange Zeit der südliche Teil des Friedhofes nicht mehr benutzt wurde, da der Sage nach bei der vorzeitigen Öffnung eines Pestgrabes die Seuche wieder ausgebrochen sei.

In Wiesau mußte 1635 die Erweiterung des Friedhofes vorgenommen werden, da *„der Freithoff aldo Aller durchgraben, daß unmeglich einen Totten Kerber mehr darin zu legen“* (STAA. Geistl. Sachen 4112). Oft verändert der Volksmund die Lage des Pestfriedhofes, wie etwa in Neustadt/Wn., wo der fürstliche Obstgarten als Pestfriedhof angesehen wurde. In Hochdorf wird neben dem Kreuz am Ortseingang auch noch eine kleine Steinsäule am Weg nach Wischenhofen als Pestfriedhof angesehen.

In Hirschau hat die Erinnerung an die Pest der Amberger Bildhauer Hirschl aufrecht erhalten, als er 1711 in der Nothelfer-Kapelle, einer Anlage des 15. Jahrhunderts, auf dem Altarbild neben den 14 Nothelfern auch noch St. Sebastian und St. Rochus darstellte. In Hirschau vermutet Dollacker den Pestfriedhof in der Nähe der „hohen“ oder „weißen Marter“, die aber auch auf Grund eines anderen Gelöbnisses errichtet worden sein kann.

Bei Baumaßnahmen ist man in den vergangenen Jahrzehnten immer wieder auf vergessene Pestfriedhöfe gestoßen, wie etwa in Geigant und Regenstauf. Weitere Pestfriedhöfe soll es in Eschenbach, Kolmstein, Warzenried, Rittsteig, Neukirchen, Eslarn, Eschlkam, Furth i.W. u.a. Orten geben. Aus einer späteren Zeit stammt das „Pestkreuz“ von Dalking. Nach Mißwachs und Hungersnot starben in Dalking im Jahre 1772 an Hungertyphus 76 Personen. Die Bevölkerung hielt die Krankheit für die Pest und errichtete in Erfüllung eines Gelübdes eine Rosenkranzbruderschaft und mit Unterstützung der Gutsherrin Susanna von Nothafft ein mächtiges Steinkreuz, das den Namen „Pestkreuz“ erhielt.

Der Wiener Totentanz von Abraham a Sancta Clara bildete die Vorlage zum Wondreber Totentanz (hier ein Detail). Er entstand bald nach den Pestjahren 1713/14.

„... du g'hörst in meinen Schnitt"

Totentänze

Unter dem Eindruck der Pest von 1348/50 entstand in Frankreich und Deutschland die Totentanzdichtung: Der Tod, der als Spielmann den Toten aufspielt und niemanden schont: weder Papst noch Kaiser und König – keinen. Der Schrecken des vielfachen Todes hat seine Spuren eindrucksvoll hinterlassen. Die Vision der Menschen aller Stände, die in einer Nacht in den Reigen der armen Seelen hineingezogen werden, ist die Vision eines Massensterbens. Noch 1850 ist dieser Gedanke lebendig, denn als in Zürich junge Burschen auf dem Friedhof Unfug treiben, verbreitet es sich wie ein Lauffeuer: Auf dem Friedhof sei ein Totentanz gesehen worden, eine neue Pestzeit stünde bevor.

Der Totentanz spiegelt das schnelle, unbußfertige Sterben wieder und sollte dem Zuhörer und Zuschauer die Gefahr des jähen Todes vor Augen halten und ihn zu rechtzeitiger Buße aufrufen. Die Geißler verfolgten mit ihren Umzügen eine ähnliche Absicht. Der Totentanzgedanke fand in Deutschland weite Verbreitung, Dominikaner und Franziskaner wurden die Hauptträger dieser Bewegung. Bald wurden Totentanztexte bildlich umgesetzt, Bilderbögen dienten als Vorlage. Neben der Mahnung an einen guten Tod (memento mori) war es für den kleinen Mann wohl auch tröstlich, daß die Mächtigen der Seuche und dem Tod nicht entkommen konnten.

In der Barockzeit, mit ihrem Gegensatz von überschwenglicher Lebensfreude und immer wiederkehrenden Todesgedanken, lebte der Totentanz wieder auf. Einige Totentänze in der Oberpfalz stammen aus der Barockzeit, andere sind spätmittelalterlichen Ursprungs. Der berühmteste Totentanz in der Oberpfalz befindet sich in Wondreb. Ein Bilderbogen mit Kupfern der Wiener Totenkapelle bildete die Vorlage. Abraham a Sancta Clara, der große Barockprediger, hatte zur Pestepidemie von 1679 in Wien die berühmte Pestpredigt „Mercks Wien" verfaßt und die Ausmalung der Loretokapelle veranlaßt und zwar mit Totentanzmotiven. Davon gefertigte Kupferstiche bildeten die Vorlage für zahlreiche andere Totentänze. Der Schrecken der drohenden Pest von 1713/14 dürfte der Auslöser für die Ausmalung der Wondreber Friedhofskapelle gewesen sein. Der Maler ist unbekannt geblieben. Da der Totentanz „grau in grau" gemalt ist, könnte der Maler aus dem nahen

Kloster Waldsassen gekommen sein. 28 Tafeln sind in 7 Reihen zu je vier Tafeln angeordnet. Über jeder Szene ist ein Bibeltext angebracht, darunter ein kurzer deutscher Reim, wie: *Der Tod ist blind – und doch geschwind.* Mehrere Tafeln zeigen die Insignien geistlicher und weltlicher Würdenträger, die übrigen Tafeln geben eine sinnbildliche Darstellung des Todes in allen Lebensverhältnissen, ohne daß ein strenger Aufbau erkennbar wäre. Dieser Totentanz wurde offensichtlich für den „kleinen Mann“ geschaffen, den Stadtleute und Edelmänner fehlen in der Darstellung. Unter dem Bild eines Bauern heißt es z.B.:

Bauer gehe mit du g'hörst in mein Schnitt

und beim Kaufmann, der gerade sein Geld zählt, steht zu lesen:

Geld und Gut / nichts helfen tut.

Unter mehreren offenen Särgen kann man lesen:

Wer kann aus diesen lesen / wer die zuvor gewesen.

Die Tafeln werden zu einer eindringlichen Bußpredigt für alle Besucher der Kapelle. Daß der Tod auf einigen Bildern mit dem Attribut des (Pest-) Pfeiles dargestellt ist und nicht, wie in der Vorlage, mit dem Stundenglas, ist ein Beleg, daß dieser Totentanz angesichts der drohenden Pestgefahr gemalt wurde und sich damit auf die Entstehungszeit 1713-1715 festlegen läßt.

Während in Wondreb eigentlich das Motiv des Tanzes fehlt, führt der Tod mit einer Laute eine lange Prozession von weltlichen und geistlichen Würdenträgern in der St.-Anna-Kapelle in Roding an. Das gemeine Volk, Mütter mit Kindern, Bauern mit dem Saattuch und dem Dreschschlegel schließen sich an. Darüber steht nochmals der Tod, übergroß, mit einer Armbrust – wieder ein Hinweis auf die verschossenen Pestpfeile. Dieser mittelalterliche Totentanz wurde erst 1950 entdeckt und 1985 restauriert.

Ein Totentanzfresko findet sich in der Friedhofskapelle in Mitterteich, aber hier ist die Bildfolge etwas kleiner, als im benachbarten Wondreb. In der Maria-Hilf-Kapelle in Mitterteich ist der Tod mit einem Säugling, mit einem Schützen, mit einem Mädchen und einer Matrone dargestellt. Das Baudatum an der Tür der Kapelle weist auch auf das Entstehungsjahr der Bilder hin. Sie stammen aus der Zeit nach 1780.

Mit kleinen Versen werden die Totentanzbilder in der Friedhofskapelle in Zenching bei Furth versehen. Unter den einzelnen Tafeln heißt es z.B.:

bei der Tänzerin:	*„Nun haben wir so lang getanzt,* *Bis mich der Tod hat eingeschanzt."*
beim Soldaten:	*„Bis hierher und nicht weiter,* *Du guter alter Streiter!"*
beim alten Mann:	*„Wärst du mit nicht wert und lieb,* *So gäb ich dir nicht diesen Hieb."*
beim Priester:	*„Die schwarze Meß lies ich für dich,* *Die Hilf davon hoff ich für mich."*
beim König:	*„Hoch oben von dem Throne,* *Hol ich mir deine Krone."*
bei einer Mutter:	*„Ja, hilft denn keine Bitt,* *Muß ich fort aus eurer Mitt!"*
beim Bauern:	*„Hacke, ackre keine Spanne weit,* *Komme mit zur Ewigkeit!"*
beim Mädchen:	*„Weg Tod, weg Feind von Anbeginn,* *Ich bin noch eine Sünderin."*

Dreisträngige Geißel
Aus Sebastian Münsters
Cosmographie

„. . . nichts mehreres, als um einen Geistlichen lamentieren"

Seelsorge während der Pestzeit

In den Seuchenzeiten waren neben den Ärzten vor allem die Geistlichen gefordert, Hilfe und Trost zu spenden. Während ein Teil der Geistlichkeit es der übrigen Bevölkerung gleichtat und verseuchte Orte möglichst schnell verließ, harrten andere Priester aus, spendeten die Sterbesakramente und trösteten die Zurückgebliebenen, ähnlich dem später heiliggesprochenen Karl Borromäus, der als Bischof von Mailand während der Seuche in der Stadt blieb und als Pestpatron Verehrung fand.

Relativ spät erschienen gedruckte Instruktionen für Geistliche, die vorschrieben, wie sie sich im Seuchenfalle verhalten sollten. Sehr umfangreich war eine Salzburger Instruktion aus dem Jahr 1680, die später von anderen Diözesen übernommen wurde. Für Teile der Oberpfalz galt die recht knappe Anweisung des Bischofs von Eichstätt aus dem Jahr 1713, die den Titel hat: *„Brevis instructio ad clerum diocesis eystettensis pro tempore pestis"*. (Kurze Anweisung für den Klerus der Diözese Eichstätt in Pestzeiten)

Diese „Instructio" enthielt Hinweise, welche Mittel bei Eichstätter Apothekern gegen die Pest erhältlich waren, außerdem wurden den Geistlichen folgendes angeraten:

1. Nicht ohne vorherige Nahrungsaufnahme zu den Kranken gehen

2. Vorsichtigen Umgang mit ihnen pflegen, ihnen nicht das Gesicht zuwenden, möglichst nicht den Atem des Kranken aufnehmen.

3. Nicht länger als nötig beim Kranken bleiben. Falls ein längerer Aufenthalt nötig wurde, sollten die Fenster geöffnet und Räucherwerk angezündet werden.

4. Wenn sich ein Priester angesteckt hatte, sollte er versuchen, durch schweißtreibende Getränke die Krankheit zu vertreiben. Nach dem Ende der Epidemie wurde dem Priester geraten, sein Haus mit Wacholder und anderen Mitteln zu desinfizieren.

5. Die Pfarrangehörigen mußten dazu angehalten werden, diese Vorsichtsmaßnahmen ebenfalls zu beachten. Vorrang vor hygienischen Maßnahmen hatten jedoch die Sakramentenspendung und häufige Krankenbesuche zur Tröstung und Erlangung des ewigen Heils. Scharlatane, Gauner und Betrüger, die vorgaben, ein Heil-

mittel gegen die Pest zu besitzen, mußten umgehend dem Ordinariat gemeldet werden.

Außerdem werden in der Instruktion des Bischofs die Seelsorger zur geistlichen Lebensführung ermahnt und zum Gebet zu den Bistums- und Pestheiligen, sowie zum brüderlichen Verhalten und zur gegenseitigen Hilfeleistung. Pestfälle mußten umgehend gemeldet werden und in der Kirche durfte jeder Priester nur sein eigenes Gerät verwenden. Das Pfarrhaus mußte ausgeräuchert werden und der Pfarrer bei Krankenbesuchen einen eigenen, mit Wachs bedeckten Mantel überziehen. Außerdem wird der Diözesanklerus zum fürbittenden Gebet zu Gott und um Gnaden für die Sünden gemahnt. Während der Pest des Jahres 1634 starben im Bistum Eichstätt mindestens 30 Priester an dieser Seuche.

Auch die Diözese Regensburg erließ immer wieder Vorschriften, was in Seuchenzeiten zu beachten sei. Vom 22. August 1650 datieren folgende Punkte:

1. Der Pfarrer soll den Gläubigen Besserung, Buße, öftere Beichte und Kommunion ans Herz legen. Bei Erkrankungen waren die üblichen Vorsorgemaßnahmen zu ergreifen

2. Überall sollten öffentliche und allgemeine Betstunden und geistliche Exerzitien abgehalten werden

3. Passende Gelübde seien zu machen und auch zu halten

4. Wo es möglich war, sollten eigene Krankengeistliche ermittelt und aufgestellt werden und diesen auch separate Wohnungen zugeteilt werden.

Diese Vorschrift wurde am 6. Juli 1654 um folgenden Punkt ergänzt: In der Messe mußte eine eigene Antiphon nebst vorgeschriebener Oration (Tagesgebete der Meßliturgie) gegen die Pest gebetet werden; damit das Volk, das dem Gottesdienst nicht beiwohnte, zu Hause oder auf dem Feld ebenfalls das Gebet verrichten konnte, sollte mit der Glocke ein Zeichen gegeben werden. 1671 rief das Ordinariat erneut dazu auf, in allen Kirchen zu beichten und zu kommunizieren. Fasten, Gebete, Prozessionen und Andachten sollten abgehalten werden. Am 8. November 1680 wurden die Dekane aufgefordert zu berichten, ob sich bei der drohenden Seuche die Herrn Kooperatoren gebrauchen lassen würden oder ob sie sich davor scheuten.

Gebete und Bußpredigten standen auch 1710 wieder auf dem Programm. Umfangreiche Maßnahmen gab es, als die Stadt

Zum Dank für die Verschonung von der Pest errichteten die Bürger von Kallmünz (Lkr. Regensburg) die Sebastianskapelle auf einem Hügel über dem Naabtal.

Regensburg im Juli 1713 von der Pest erfaßt wurde. Das Ordinariat ordnete an, daß die Cathedral- und Seminargelder aus der Oberpfalz nach Amberg, die aus Bayern aber nach Aufhausen gebracht würden. Die für die Krankenhäuser notwendigen „Caritativsubsidien" (Spendengelder) mußten sogleich erhoben und eingesandt werden. Unbepfründete Geistliche sollten sich bereit erklären, sich an infizierten Orten exponieren zu lassen. Die hl. Öle wurden in Kumpfmühl deponiert und konnten dort abgeholt werden.

Die seelsorgerischen Probleme während der Pestzeit werden am Beispiel Hochdorf deutlich, das 1713/14 ungefähr ein 3/4 Jahr gesperrt war. Ein umfangreicher Schriftwechsel im Bischöflichen Zentralarchiv in Regensburg gibt Auskunft. Am 5. Oktober 1713 erhält der Dekan Thanner von Regenstauf ein Schreiben der kurfürstlichen Regierung in Neuburg mit der Bitte, er möge unverzüglich dafür sorgen, daß die Bewohner von Hochdorf ohne Zeitverlust einen Kaplan oder Pfarrer zugesandt bekämen, auf daß *„die Infizierten in ihrem Seelenheil nicht verkürzt"* würden. Der zuständige Pfarrer der Pfarrei Duggendorf solle sich ins infizierte Hochdorf begeben und die übrigen Pfarrorte von einem anderen Priester versehen werden. Einige Tage später, am 16. Oktober drängt die Regierung den Dekan erneut, er möge für Hochdorf einen Priester besorgen, da in der Filiale Hochdorf, *„ein considerabler und volkreicher Ort"*, die *„Inwohner daselbsten nichts mehreres, als um einen Geistlichen lamentieren"*. Die Regierung schlägt vor, der Pfarrherr von Duggendorf solle sich nach Hochdorf begeben, während die Mutterpfarrei von Pater Richardus, der derzeit in Hainsacker eingesetzt sei, versorgt würde.

Am siebten Tag schreibt auch Johann August Prandt, der Pfarrer von Duggendorf an den Dekan. Er schreibt, er habe von der Regierung Weisung erhalten, sich in das von der Pest verseuchte Hochdorf zu begeben und er führt mehrere Gründe an, warum er nicht nach Hochdorf könne: Es falle ihm schwer, von der Mutterkirche zu lassen. Zudem sei Hochdorf keine Filiale, wie vorgeschoben würde, auch kein volkreicher Ort, sondern nur ein kleines Dörflein. Die ganze Pfarrgemeinde habe sich nach Burglengenfeld gewandt und gebeten, man möge doch einen anderen Pfarrer nach Hochdorf schicken. Alle Geräte zur Feier des Hl. Meßopfers in Hochdorf seien inzwischen beschafft und man erwarte, daß der

Dekan den P. Richardus aus Hainsacker oder einen anderen Priester nach Hochdorf abordne.

Der Dekan wendet sich nun verzweifelt an das Ordinariat, das in Wörth sein Notquartier bezogen hatte. Nachdem er ausführlich die Lage geschildert hat, schreibt er, er wüßte sich nicht mehr zu helfen und bittet, das Ordinariat möge ihm umgehend einen Priester nach Hochdorf schicken. Außerdem seien inzwischen zwei Duggendorfer Zechpröbste bei ihm gewesen, die ihn inständig darum baten, ihnen doch ihren Priester zu belassen und *„ehenter Gewalt mit Gewalt abtreiben"*, ehe man sich den Pfarrherrn nehmen lasse. Auch nach Burglengenfeld hatten sich die Kirchpröbste gewandt und gebeten, daß man sich beim Amt dafür einsetzen wolle, einen anderen Priester nach Hochdorf zu schicken. Die Franziskaner, Dominikaner und Karmeliten würden zwar jährlich zum Betteln kommen, ja sie hätten das ganze Amt Neuburg *„angefochten und angesonnen"* und auch reichlich Almosen erhalten, aber jetzt, da man sie bräuchte, sollte die Regierung von Neuburg auf die Provinziales der Orden Druck ausüben, daß ein Pater der Bettelorden nach Hochdorf geschickt werde. So der Vorschlag der Duggendorfer Pfarrvertreter. Der Dekan berichtet weiter, daß sein Kooperator, den er für Hochdorf vorgesehen hatte, überraschend wegen *„Unpeßlichkeit"* den Dienst aufgekündigt habe. Ein Kapuziner, den er aus Schwandorf angefordert hatte, leide schon seit 40 Tagen an Gallfluß, daß er kaum über die Stufen gehen könne. Zur Zeit habe er einen Pater da, der von Kemnath kommend nach Stadtamhof wollte. Dieser habe sich erbarmt und sei geblieben. Doch möglicherweise werde der Pater in Stadtamhof gebraucht und könne nicht für länger bleiben. Schließlich bittet Dekan Thanner, das Ordinariat möge einen eigenen Priester für Hochdorf abordnen.

In der Antwort läßt das Ordinariat wissen, daß keine überzähligen Priester im Bistum vorhanden wären. Der Dekan wird angewiesen, sich beim Landesfürsten zu erkundigen, welche Priester nur den „titulum mensae" hätten (also: Geistliche ohne Pfründe), denn diese müßten sich in Seuchenzeiten gebrauchen lassen. Sollte man von einem Priester erfahren, so würde man ihn unverlangt nach Hochdorf schicken. Der Pater aus Kemnath würde vorerst nicht gebraucht und könne darum in Regenstauf bleiben. Für die Verpflegung des Priesters in Hochdorf müsse im übrigen die Regierung aufkommen. Vorerst soll jedoch der Pfarrer von Duggendorf für die Verpflegung des Expositus sorgen, der Pater Richardus aus Hainsacker müsse sich an dem infizierten Orte gebrauchen lassen.

Wer nun die Sterbenden in Hochdorf mit den Sakramenten versehen hat, wird nicht deutlich. Nur neun Einwohner des Ortes sollen die Seuche überlebt haben. Der Besitzer der Hofmark wollte für die Zukunft derartiges Kompetenzgerangel vermeiden und entschloß sich zum Bau einer kleinen Kirche in Hochdorf, die dem hl. Sebastian geweiht ist. Der Stifter Johann Wilhelm Teuffel, hat sich mit seinem Wappen an der Südwand der Kirche verewigt. Unter seinem Wappen steht die Unterschrift:

„Ao. 1714. Ist dise Kirch von uns fundirt und gebaudt worden, weegen Abwendung der peest, so 3/4 Jahr gedauret, und Hochdorff gesperet gewesen, Viele gestorben".

Noch heute erfüllen die Hochdorfer ein Gelübde, das in jenen schlimmen Zeiten gemacht wurde und der Kirchenpatron St. Sebastian genießt bis zum heutigen Tag eine besondere Verehrung.

„Die Juden werden verbrennt." Aus Schedels Chronik

„ . . . wie die Schweine totgeschlagen“

Judenverfolgung und Pest

In fast allen Zeiten wurden die Juden verfolgt. Schon Kaiser Theodosius schloß sie im Jahre 439 von allen Ämtern aus.

Justinian übernahm diese Vorschrift in seinen Gesetzescodex, der auch Vorbild für die spätere Gesetzgebung wurde. So grenzte man die Juden mehr und mehr aus. Schließlich waren Geldgeschäfte ihre einzige Erwerbsquelle, da es den Christen verboten war, Geld gegen Zinsen zu verleihen. König und Fürsten waren zwar Schutzherrn der Juden, benutzten sie aber vor allem als gute Einnahmequelle und als Finanziers. In Regensburg sind im 10. Jahrhunderts erstmals Juden genannt. In Amberg wird am Anfang des 13. Jahrhunderts eine Judengemeinde erwähnt, es ist aber zu vermuten, daß hier bereits viel früher eine jüdische Siedlung bestand, vermutlich in der Nähe der Frauenkirche. Bald kam es auch in Deutschland zu Judenverfolgungen. Der Hauptgrund war wohl der Neid auf die reichen Juden, reich geworden in dieser kapitalarmen Zeit durch relativ hohe Zinsen. Gehaßt wurden sie auch durch ihr Anderssein in Religion, Brauchtum und Kleidung. Von kirchlicher Seite wurde der Judenhaß noch gefördert. Durch ihre Verfolgung und Vertreibung konnte man sich außerdem sehr leicht seiner Gläubiger entledigen.

1298 kam es in Franken zu einem allgemeinen Pogrom, angestiftet durch einen Ritter Rindfleisch. Man beschuldigte die Juden in Röttingen (Unterfranken) einen Hostienfrevel begangen zu haben. Dieses Pogrom griff auch auf die Oberpfalz über. In der Burg Wildenstein hatten sich Juden wie Christen verschanzt. Die Burg wurde an einem Tag genommen, alle Insassen verbrannt. Am 27. Juli wurden in Berching über 40 Juden ermordet, in Neumarkt am gleichen Tag ca. 70 Personen umgebracht. Verfolgungen sind auch überliefert aus Freystadt, Meckenhausen, Eichstätt, Kulmain, Hohenburg und Amberg. In Amberg widersprechen sich die Angaben. Während im Nürnberger Memorbuch von 13 Toten die Rede ist, spricht eine Chronik davon, daß in Amberg der Rat die Juden vor Verfolgung geschützt habe. Ritter Rindfleisch soll nicht weniger als 146 Judengemeinden heimgesucht haben. In Nürnberg wurden allein 628 Personen jüdischen Glaubens umgebracht, Männer, Frauen und Kinder vom fanatischen Pöbel erschlagen und verbrannt. Einige Jahrzehnte später ging es wieder gegen die Juden in

Franken, Schwaben und im Elsaß durch die „Judenschläger" des Ritters Armlederer. Auch dieses Pogrom griff auf Niederbayern und die Oberpfalz über.

So werden in vielen Orten Niederbayerns (Deggendorf, Eggenfelden, Pfarrkirchen, Vilshofen u.a.) Pogrome erwähnt. In unserer Region kam es zu Verfolgungen in Cham und in Kelheim. So waren die Vorgänge von 1348/49 kein Zufall. Von Südfrankreich aus hatte sich das Gerücht verbreitet, die Juden hätten die Brunnen vergiftet und dadurch die Pest verursacht. Und wieder kam es auch in der Oberpfalz zur Verfolgung der Juden: in Berching, Neumarkt und Sulzbach. Hier ließen sich die Bürger in einer Urkunde von 1356 von Kaiser Karl IV. bestätigen, daß die in den Schuldbriefen der unlängst verfolgten Juden niedergelegten Forderungen ungültig sein sollten. Eine Verfolgung in Amberg ist nicht belegt, aber sehr wahrscheinlich. In 60 größeren und 150 kleineren Gemeinden wurden in diesen Tagen Juden erschlagen und wenn irgendwo Juden geschont wurden, so war dies so selten, daß man es als außerordentliches Ereignis dokumentierte. In dieser schwierigen Zeit für die Juden scheint Velburg als Ausweichquartier gedient zu haben. Eine Sonderstellung nahm auch Regensburg ein. Wohl aus wirtschaftlichen Gründen waren die Reichsstädte in der Regel judenfreundlich. Die Reichsstadt Nürnberg konnte das Pogrom vom Nikolaustag des Jahres 1349 zwar nicht verhindern, aber genauso wie in den Verfolgungen des Ritters Rindfleisch und des Ritters Armlederer kam es auch während der großen Pest in Regensburg zu keiner Judenverfolgung. Am 3. Oktober 1349 stellten Bürgermeister, Rat und Gemeinde von Regensburg den ortsansässigen Juden eine Urkunde aus, in der man sich verpflichtete, die Regensburger Juden zu beschützen. 254 Bürger wurden namentlich auf die Urkunde vereidigt, während in der Umgebung der Stadt, wie Domherr Konrad von Megenberg berichtet, die Juden „wie Schweine" gnadenlos totgeschlagen wurden.

Die obengenannte Urkunde trifft Vorsorgemaßnahmen gegen Auflauf, Brandstiftung usw. Der Schutzbrief wurde jährlich erneuert, gefährdet waren die Juden aber auch in Regensburg. Offensichtlich gelang es dem Regensburger Rat aber eher als dem Nürnberger, Ausschreitungen des Pöbels bereits im Keim zu ersticken. Auch berichtet wieder Konrad von Megenberg, daß hier Christen Juden versteckten. Gründe, warum es in Regensburg gelang, die jüdischen Mitbewohner zu schützen, gibt es einige: Regensburgs Judengemeinde war uralt, sie soll bis in die Römerzeit zurückgehen, und der Anteil von 10 % an der Gesamtbevölkerung war relativ hoch. In der Handelsstadt Regensburg waren die Juden nur eine Minderheit unter vielen. Als Finanziers des Fernhandels, der über Regensburg lief, hatten sie eine enorme Bedeutung für die Geldwirtschaft der Stadt. Durch ihre relative Sicherheit wurden die Reichsstädte Nürnberg, wo der Rat auch krampfhaft versuchte ein Pogrom zu verhindern, und Regensburg das Ziel vieler oberpfälzer Juden. Trotzdem begann in dieser Zeit die Emigration des jüdischen Volkes nach dem Osten.

Nach der Verfolgung von 1348/49 scheint es in der Oberpfalz bald wieder zu einer Ansiedlung von Juden gekommen zu sein, wegen ihrer wirtschaftlichen Bedeutung war man ja dringend auf sie angewiesen, so daß es bald zu einer Blüte der jüdischen Gemeinde in Amberg kam, die allerdings nur etwa 40 Jahre dauerte. Nach dem Tod des Kurfürsten Ruprecht I. (1390), er hatte seine Hand schützend über die Juden gehalten, folgte unter Ruprecht II. im Jahre 1391 die Ausweisung der Juden aus der Pfalz und aus der Oberpfalz. An der Stelle der Synagogen errichtete man, wie in Amberg, eine Marienkirche. In dieser Bedrängnis wurden wiederum die Reichsstädte Nürnberg und Regensburg die Zufluchtsstätten für die oberpfälzer Juden, bis auch hier die Stimmung umschlug und man in Nürnberg im Jahre 1499 und in Regensburg im Jahre 1519 die Juden vertrieb.

Aber noch Jahrhunderte später wurden die Juden diskriminiert. Als z.B. 1738 in Ungarn die Pest ausbrach, bestimmte die Stadt Regensburg *„daß die Fremden nur zum Weyh St. Peter-Thor und zur steinern Bruck und Weinthor hereingelassen, allda aber ihre Pässe examinirt, das Bettelvolck und Juden aber hier nicht hineingelassen werden sollen.“* (Dekret vom 11. Dezember 1738)

„... durch Buße Gott besänftigen“

Die Geißler

„Zu dieses Bischofs Leo Zeiten stellten sich im Österreichischen, Salzburgischen und im angrenzenden Böhmen die Flagellanten oder Geißelbrüder in großen Haufen ein, und zogen, von beiderlei Geschlecht, verkappt, und am Körper bis auf den Gürtel entblößt, von einem Dorf zum anderen, von einer Stadt zur andren. Mit kläglichem Geschrei gebärdeten sie sich, wie Leute, die ihrer Sünden wegen trostlos und der Verzweiflung nahe wären, und geißelten sich, daß Ströme von Blut auf ihrem Rücken herabfloßen. Nach der Jahreszeit kühlten sie darauf ihren zerfleischten Körper im Schlamm oder im Schnee. Wo sie einzogen verstummten augenblicklich Gesang und Freude. Jedermann wurde durch den mitleiderregenden Anblick entsetzt und zu Tränen gerührt.

Dreiunddreißig Tage hindurch, als so viele Jahre lang unser göttlicher Mittler auf Erden gewandelt hatte, büßten diese Schwärmer auf solche Weise ihre Sünden und Übertretungen ab, und wollten sich des Göttlichen Verdienst zueignen. Man argwohnte aber, daß sie bei dieser Gelegenheit neue schwere Sünden auf die Alten gehäuft, und sich die übrige Zeit in trautem vertraulichem Umgang für ihre selbst auferlegte Marter und Pein auf andere Weise schadlos zu halten gewußt hätten. Wie dem auch sein mag, die Art und Weise, die Sünden abzubüßen, fand großen Beifall.“

So beschreibt der Regensburger Chronist Gemeiner die Geißlerumzüge von 1262. Die Kreuzbrüder oder Kreuzträger, wie sich die Flagellanten selbst nannten, hatten einen großen Teil mit Schuld an der aggressiven Stimmung gegen die Juden. Die Geißler zogen prozessionsweise unter Glockengeläut, Gesang und Zusammenlauf der Bevölkerung von Ort zu Ort, in Zweierreihen, barfuß, der Kopf von einer Kapuze verhüllt, trug jeder der Büßer in der Rechten die dreischwänzige Geißel. Flammendrote Kreuze auf dem schwarzen Büßermantel wurden Fahnen und Fackeln dem schaurigen Zug vorausgetragen. Dieses Szenarium verfehlte seine Wirkung nicht.

Wenn die Geißler in eine Kirche kamen, legten sie ihre Kleider ab und unter Singen und Beten schlugen sie sich gegenseitig mit ihren Geißeln, an denen drei Stränge mit großen Knoten herabhingen, in die kreuzweise eiserne, nagelscharfe Stacheln eingeflochten waren. Man schlug sich, bis das Blut herunterlief. Andere

Geißelungen erfolgten im Freien, indem man sich in Kreuzesform auf den Boden warf und dabei die Muttergottes bat, sie möge sich der armen, elenden Christenheit erbarmen. Durch diese Prozedur glaubte man nämlich, den Zorn Christi besänftigen zu können und die Pest zum Stillstand zu bringen. Nach dem Vorbild der 33 Lebensjahre Christi sollte man sich 33 1/2 Tage auf Geißlerfahrt begeben. Jeder, der teilnahm, mußte vorher nachweisen, daß er genug Geld bei sich hatte und nicht auf Almosen angewiesen war. In der Bevölkerung wurden die Flagellanten gerne aufgenommen und beherbergt.

Diese Laienbewegung, Priester waren ausgeschlossen, ja Klerus und Kirche wurden in den Geißlerliedern sogar als pflichtvergessen gebranntmarkt, entstand um 1260 in Italien und erreichte in den Jahren der großen Pestepidemie den Höhepunkt. Bis zu 20 000 Menschen sollen sich manchmal diesen Büßerzügen angeschlossen haben, die sich in Selbsthilfe ohne Vermittlung des Klerus direkt an Gott wandten. Als man sich gegenseitig sogar die Absolution erteilte, schien diese Bewegung eine Bedrohung für die Amtskirche zu werden und sie wurde schließlich von Papst Klemens VI. im Jahre 1349 verboten. Dieses Verbot wurde auf dem Konstanzer Konzil nochmals bestätigt.

Durch ihre Hetze gegen die Juden, sie machte man nämlich für den Zorn Gottes verantwortlich, trugen die Flagellanten maßgeblich zu den Judenprogromen bei. Diese Judenverfolgungen nahm Papst Klemens auch zum Anlaß, die Geißlerzüge zu verbieten. Alle, die mit den Geißlern gegangen waren, mußten im folgenden Jubeljahr 1350 öffentlich Buße tun. Geißler waren zwar nach 1350 noch mehrmals aufgetaucht, wurden aber durch die Verfolgung der Kirche keine Massenbewegungen mehr. Durch die Buße Gott zu besänftigen und die Pest zum Stillstand zu bringen, wurde nicht erreicht, im Gegenteil, die Pest wurde durch diese Massenumzüge erst recht verbreitet.

Aus der Oberpfalz sind uns keine Geißlerumzüge bekannt. Wie uns der Chronist Gemeiner berichtet, wurden bereits bei Beginn der Umzüge die Flagellanten an den Grenzen zu Bayern abgewiesen und auch später scheint man sie nicht über die Grenzen gelassen zu haben.

Die Praxis in Hohenburg, wie sie uns Pfarrer Nikolaus Erb überlieferte, zeigt, daß die Erinnerung an die mittelalterlichen Geißlerzüge auch nach Jahrhunderten nicht vergessen war.

Die Pfarrchronik berichtet uns, daß sich an der Karfreitagsprozession etwa ab dem Jahre 1714 „Geißler und Kreuzschleipfer“ beteiligten.

Damit die Büßer, bis zu 200, nicht erkannt wurden, hatten sie aus Leinwand gefertigte blaue Gewänder ohne Ärmel an mit Kapuzen, die nur die Augen freiließen. Das ganze wurde wie ein Sack über den nackten Körper gestülpt. Die Geißelung geschah vor oder nach der Prozession in einem eigens vom Magistrat gemieteten geheizten Zimmer mit einer zwanzigschwänzigen mit Messingsternchen durchflochtenen Geißel, auf den Rücken. Mit einer Fakkel fuhr man schließlich über die Wunden, *„um das Blut flüssig zu machen“*. Die Anschaffung der Kreuze, Geißeln und Röcke ließ sich der Rat immerhin 63 fl. 50 kr. kosten. Diese Prozedur scheint mit der 1713/14 in Regensburg grassierenden Pest ihren Anfang genommen zu haben. Hohenburg unterstand ja in damaliger Zeit dem Regensburger Domkapitel und die Erinnerung an die mit der Pest verbundenen Geißlerfahrten scheint hier lebendig geblieben zu sein, bis schließlich im Jahre 1790 der Bischof von Regensburg diesen martialischen Brauch verbot.

Ein Geißler. Aus Johann Wolfs Chronik

„ . . . es starben Vieh und Leut“

Die Chronologie der Pest in der Oberpfalz

Nach der Justinianischen Pest wird in der Folgezeit von den Chronisten immer wieder von der „Pest“ gesprochen. Durch die fehlende Beschreibung der Symptome, ist es oft schwierig zu erkennen, um welche Art von Seuche es sich jeweils gehandelt hat. Man kann davon ausgehen, daß es sich bei einem Teil der in den Chroniken mit Pest bezeichneten Krankheiten nicht um die Beulenpest gehandelt hat.

Bei einer „Pest“ des Jahres 850 in Regensburg, die von großer Teuerung und Hungersnot begleitet war, dürfte es sich um Hungertyphus gehandelt haben. Auch im Jahre 873 und den Folgejahren wird oft von einem „grausamen Sterben“, „schrecklichen und ungewohnten Krankheiten“ usw. berichtet, wobei es sich nach Dimpfel schon um die Beulenpest gehandelt haben soll. An einem grausamen Sterben, das in der Folge eines Heuschreckenschwarmes auftrat, sollen im Regensburg des Jahres 874 über 7800 Menschen gestorben sein. Eine Art Keuchhusten, das welsche Fieber genannt, hatte das bayerische Kriegsvolk aus Italien mitgebracht. Wenn einer zu niesen begann und hustete, lag er bald tot da. Es wird berichtet, daß sich aus diesem Anlaß der Brauch entwickelt hat „Helf Gott“ zu rufen, wenn jemand nießt. Während der Normannenkriege, im Jahre 892, folgte wiederum eine „große Pestilenz“ in Regensburg. Im Kloster Niedermünster waren alle Klosterfrauen bis auf eine gestorben. Eine Nonne war es auch, die die Seuche eingeschleppt hatte. Die Krankheit regierte gewaltig und griff weit um sich. Sie raffte in kurzer Zeit viel Volk mit sich. In der Umgebung Regensburgs traf es Nittenau und Burglengenfeld. Beide Orte sollen in diesem Jahr menschenleer geworden sein.

Für das folgende Jahrhundert fehlen uns die Nachrichten über größere Seuchen. Im Jahre 1029 hielt der Salierkaiser Konrad einen Reichstag in Regensburg, der von einem großen Sterben begleitet war und manches alte Geschlecht kam dem Untergang nahe, als sich in den Jahren 1057 bis 1059 wieder Hunger, Pest und andere Landplagen einstellten. Ein sehr schlimmes Seuchenjahr war für ganz Bayern das Jahr 1094. Ganze Dörfer starben aus. Bernold von Konstanz berichtet in seinem „Zeit-Buch“, daß in Regensburg in 3 Monaten 8500 Menschen gestorben seien. Da Regensburg zu dieser Zeit die am meisten bevölkerte Stadt war, ist diese Zahl durchaus im Bereich des Möglichen, auch wenn die Zahlenangaben mittelalterlicher Chronisten mit Vorsicht zu genießen sind. Auf 4 Stunden im Umkreis von Regensburg soll die Zahl der Toten etwa 9000 Personen betragen haben, in Schönsee und Kager lagen in jedem Haus 3-4 Tote. Als die böhmischen Bischöfe in diesem Jahr von der Synode kommend von Mainz nach Prag reisten, so schreibt der Annalist Cosmas Diacon, herrschte vorzüglich in deutschen Landen eine große Sterblichkeit. In einem gewissen Dorf Amberg habe man in der Pfarrkirche keine Messe lesen können, da das Kirchenpflaster über und über mit Leichen bedeckt gewesen sei *„ohne einen einzigen freien Fuß zu gestatten“*. Für das 12. Jahrhundert fehlen uns wieder die Quellen.

Schon für das nächste Jahrhundert, heißt es wieder, es habe in Regensburg eine größere Pest geherrscht, so z.B. im Jahre 1211, oder eine größere Menge Volkes kam „im Sterb“ ums Leben oder eine große Pestilenz folgte auf eine „gräuliche“ Brunst, es starben „Vieh und Leuth“ (1235-1237). In der Folgezeit wird aus Böhmen zum ersten Mal das Auftreten der Geißler berichtet (1262). Zwischen 1280 und 1282 regierte wieder der Hunger und ein „großes Sterben“ unter den Menschen. Zu Beginn des 14. Jahrhunderts soll es in Amberg mehrere Seuchenfälle gegeben haben (1305; 1315; 1327). Ein großer „Landsterb“ erfaßte ganz Bayern auf die Jahreswende 1311/1312.

„. . . der Menschheit war bange, daß sie ausstärbe“

Die Pest von 1348

Wie es zu dieser Pestepidemie kam, wurde bereits geschildert. Diese Seuche erfaßte ganz Europa, nur einige wenige Gebiete wurden verschont. Neben Flandern gehörte zu den verschonten Gebieten auch der Bayerische und der Böhmerwald. Warum gerade diese Regionen nicht von der Pest erfaßt worden sind, bleibt rätselhaft. Bis zum Jahr 1349 hatte es gedauert, bis die Seuche auch die Oberpfalz ergriff. Die Kunde davon war schon eher hierher gedrungen. Bereits im Vorjahr hatte man in Regensburg versucht, die Seuche abzuwenden, indem Prozessionen und Bittgänge veranstaltet wurden. Außer der Nachricht, daß Teile der Oberpfalz und Ostfrankens von der Pest dieser Jahre verschont blieben, sind die Zeugnisse im Vergleich zu anderen Gebieten in diesem Falle eher dürftig, für die kleineren Orte fehlen die Belege völlig. Der Regensburger Chronist Gemeiner schreibt:

„In diesem Jahr (1349) kam ein großes Erdbeben und der Sterb, und es erhob sich eine große Noth im Lande an, daß den Leuten fast bange ward, und allenthalben reuige Sünder mit Casteiungen und Peinigungen ihrer Körper Gottes Zorn abzuwenden suchten“.

Geißler zogen in großen Scharen paarweise, bis auf den Nabel entblößt mit zerfleischten Rücken von einer Stadt zur anderen. Um Jakobi 1350 soll die Pest auch in Regensburg Einzug gehalten haben. In Amberg waren schon 1348 alle Straßen und Häuser mit Leichen angefüllt, ein Viertel der Bevölkerung soll der Seuche hier zum Opfer gefallen sein. Man wußte keinen Trost und kein Mittel mehr. *„Viele liefen zu den stummen und leblosen Götzen, andere zogen mit Fahnen und Kreuzen einher und hielten barfuß „supplicationes“ (Bußandachten)“.* Wieviele Menschen in Amberg genau gestorben sind, wissen wir nicht, Burglengenfeld und Regenstauf sollen zu 3/4 ausgestorben sein.

Für Sulzbach beschreibt der Stadthistoriker Gack den Verlauf der Seuche:

„Wie in Wien, Passau und Basel, so war auch in Sulzbach, Amberg und in der ganzen obern Pfalz die Sterblichkeit unerhört. Vier Jahre lang wüthete diese Seuche. Da lagen Straßen und Häuser voll Todte, und der Menschheit ward bange, daß sie ausstärbe. Es glaubten die Zeitgenossen, daß in diesen vier Jahren die Hälfte des

menschlichen Geschlechtes gestorben sey. Zum mindesten wurde der vierte Theil hinweggerafft". Auch wenn uns für die kleineren Orte die Quellen fehlen, so dürfen wir davon ausgehen, daß zahlreiche Dörfer in der Oberpfalz von dieser Pestwelle erfaßt wurden, wenn es nicht unmöglich erscheint, daß manch kleinerer Ort wegen seiner Abgeschiedenheit verschont blieb. Doch die Folgen der Seuche erfaßten auch die kleineren Dörfer der Oberpfalz. Der Bevölkerungsrückgang in den Städten führte beim dortigen Handwerk zu steigenden Löhnen, durch erweiterte Rechte versuchte der Magistrat die Lücken, die die Seuche in die Bewohnerschaft gerissen hatte, zu schließen. Die Landbewohner verließen ihre Höfe und Dörfer und zogen in die Städte. Viele Ortschaften wurden gänzlich aufgegeben, sind verfallen und bestehen höchstens noch in einigen Flurnamen fort. Die Landflucht war schließlich so groß, daß kaum mehr genügend Getreide produziert wurde und enorme Preise gezahlt werden mußten.

In den Jahrzehnten nach 1348 trat zwar die Pest erneut auf, aber sie erreicht nicht mehr das Ausmaß dieser Jahre. Ein Chronist schreibt für das Jahr 1357/58: *„Die Pestilenz verdarb viele Menschen in Bayern und auch hier in der Stadt (Regensburg), um diese Zeit hub sich ein Sterb im Lande zu Bayern und hie zu Regensburg an, indem die Leute Drüsen gewannen und den Schwindel im Haupt und starben am dritten Tag und so wie der Sterb vor 8 Jahren mit Erdbeben sich eingestellt, so kam er auch hinwieder und dauerte das Erdbeben von Martini acht Tage.*" Auch Amberg und Sulzbach wurden von dieser Seuche ergriffen. Zwischen 1369 und 1384 erfaßte öfter eine „geschwinde Pestilenz" Regensburg (1371; 1373; 1375; 1380) und Sulzbach (1369; 1384). Möglicherweise handelte es sich immer um die gleiche Krankheit, die nur wieder verstärkt auftrat. Am Ende des 14. Jahrhunderts war durch die Dezimierung der Bevölkerung Vermögen und Kaufkraft enorm gestiegen, der Handel, besonders der Fernhandel, blühte auf, Luxusgüter aus Italien waren sehr begehrt. Manches berühmte Handelsgeschlecht, wie etwa die Runtinger, legte in dieser Zeit den Grundstock für den späteren Reichtum.

„Diss Jahr hat es wol gestorben"

Zahlreiche Pestjahre ab dem 15. Jahrhundert

Mit einer Epidemie begann das 15. Jahrhundert. Die unstete Witterung, Teuerung und die Pest dieser Zeit führte man auf den Stand der Gestirne zurück. Eine Seuche ergriff im Jahr 1406/07 ganz Bayern. Der Regensburger Ratsherr Trainer schrieb an den Herzog Ludwig, daß er infolge des großen Siechtums und Sterbens in der Stadt auf sein Schreiben keine Auskunft geben könne. Die darauf folgende Teuerung veranlaßte den Rat, ein Verbot von Preisabsprachen auszusprechen. Als die Pest 1407 mit aller Gewalt ausbrach, trug man zur Abwehr die „drei heiligen Särge" öffentlich durch die Stadt. Als Folge dieser Ereignisse erschien in Regensburg das erste Pestmandat in Deutschland. Italienische Mandate, besonders venezianische, dürften dafür Vorbild gewesen sein. Noch im Jahre 1713 wich die Regensburger Pestordnung dem Inhalt nach kaum vom Pestmandat von 1412 ab. 30 Jahre hatte die Bevölkerung Ruhe, als es 1436 in Regensburg wieder zu sporadischen Pestfällen kam. Mit öffentlichen Gebeten suchte man diesmal das Übel abzuwenden. Diese „geschwinde Pestilenz" verbreitete sich über die ganze Oberpfalz, ergriff Amberg, Hirschau und Sulzbach und forderte im benachbarten Nürnberg an die 10.000 Opfer. Ein Sulzbacher Chronist beschrieb die Krankheit: *„Wen sie ergreift, der verfällt in einen Schlaf, aus dem er erst am 3. Tag wieder erwacht, um unter fürchterlichen Schmerzen den Geist aufzugeben."* Über 3 Jahre dauerte diese Epidemie, bis sie endlich 1439 abklang. Eine Generation später berichteten die Geschichtsschreiber erneut: *„Im Jahre 1462 kam die Pest oder schwarze Krankheit hierher (nach Regensburg) und raffte über 6300 Menschen weg. Der Rat nahm seine Zuflucht in Gebet und verabredete mit dem Domkapitel eine große Prozession am Katharinentage."* Nach anderer Quelle starben in Regensburg in diesem Jahr in 9 Monaten 2500 Menschen. In Regenstauf, wo man an die 100 Pesttote zählte, gelobten die Bürger das Fest des hl. Sebastian jährlich besonders feierlich zu begehen. Diese Pest verbreitete sich über ganz Bayern, große Teile Süddeutschlands wurden entvölkert. Als man in Regensburg einen Reichstag abhalten wollte, erließ der Rat eine eigene Ordnung, in der es hieß: *„Item ob Leut hie bey der Stadt mit Tod* *abgiengen, dieweil die Herrschaft hie ist, so gebieten mein Herrn vom Rat ernstlich, daß man dieselben Todten frueh zur Horzeit auf die Freithöfe austragen soll, und der soll man keines über die Haide, noch über den Markt, noch über die Heubart nicht tragen noch tragen lassen".* Kaiser und Stände sollten nicht beunruhigt werden. Allerdings herrschte in Regensburg die Seuche nicht so sehr, wie in Nürnberg. Hier waren Bürger „in menschlicher Zahl ausgeflohen und zerstreuet". Die Regensburger Bürger beschwerten sich, daß die vielen Flüchtlinge aus Nürnberg die Lebensmittel noch mehr verteuerten, als es die vornehmen Gäste des Reichstages sowieso schon taten. Dem kalten Winter von 1462 war es nicht gelungen, die Seuche einzudämmen. In der Chronik der Stadt Regensburg heißt es weiter: *„Ein grosses Sterben allhier, regiert unwendlich und geschwinde Seuch und Pestilenz, bleibt hin und wid in der Stadt auf. Wo es in ein Haus kam, liess es nicht gerne nach, 6, 7, 10 Personen, Kinder, Gesindt, mans und weibs Personen, nahmens gar geschwinde und bald nacheinand hinweckh. . . Bisweilen liess es nach in ein Hauss, hielt 14 Tag, oft 3, 4, 5 Wochen inne und wenn man vermeinte, es wär nunmehr guter frid und hofft, so kams wid, holt und nahm abermahl eins und stirb eine Woche 50, 60 Personen."* Im Kloster St. Emmeram starben unter dem Abt Konrad Bebenhauser in einem Monat alleine 16 Mönche. Der Abt ordnete an, das Fest des hl. Sebastian besonders zu begehen. Bis hierher gehen die Ursprünge der Regensburger Sebastiansbruderschaft zurück. Wieder mußte eine Prozession helfen: Am Dienstag nach dem Fest der hl. Katharina sollten alle Stifte und Orden und mit dem Allerheiligsten in Prozession nach St. Emmeram ziehen. Hier wollte man ein Amt abhalten. Abt Coelestin von St. Emmeram berichtet, Gott habe das Gebet der Gläubigen nicht erhört und dem Sterben keinen Einhalt geboten. Kaiser Friedrich, der 1465 im Dom begraben wurde, war an der Pest gestorben. 20 Jahre später wird für Amberg eine Seuche erwähnt, der 400 Bürger zum Opfer fielen und die von 1482-84 dauerte, 5 Bürgermeister sollen einer nach dem anderen gestorben sein. Bei einer anderen Krankheit, die 1499 sich in Waldsassen zeigt und bei der als Symptome Beulen auftraten, dürfte es sich um die „Franzosenkrankheit", also die Syphilis, gehandelt haben.

Wie das 15. Jahrhundert, so begann auch dieses 16. Jh. mit der Pest. Der Landshuter Erbfolgekrieg verwüstete zudem zahlreiche Orte in der Oberpfalz und förderte die Ausbreitung: Pest in

An eine Hungersnot erinnert das „Pestkreuz“ in Dalking (Lkr. Cham) aus dem Jahre 1772. Es wurde mit Unterstützung der Gutsherrin Barbara Susanna v. Nothafft auf Runding und Wernberg errichtet.

Amberg und Neumarkt, hier kommt noch die Ruhr dazu. In Regensburg erbaut man 1503 am Unteren Wöhrd das Pestinhaus. Zahlreiche Dekrete, Mandate, Instruktionen, Regimente und Ordnungen erscheinen im Druck, die Chronisten berichten nun ausführlicher, wie z.B. Widmann für Regensburg, der 1520 schreibt: *„Diss Jahr hat es wol gestorben, hat 2 Jahr gewert, es war ein anlangende pestilenz, es war auch ein recht wetter dazue, dan es in zwaien wintern nie kalt, nur nebel, warm und tussnig, es saget der Totengraber, er hat es einem rath anzaigt, das ob 3000 Menschen gestorben waren.“*

Bischof Johann wagte sich wegen der Krankheit nicht in die Stadt und blieb lieber in Neuburg, während der Predigt starb der Priester Hans Groll. *„Er starb eher aus Angst vor der Pest, als an der Pest“,* vermutet Widmann. In diesem Jahr kamen von Georgi bis Martini an die 1500 Prozessionen zur „Schönen Maria“. Bis zu 1000 Personen sollen jeweils teilgenommen haben und bis zu 20 Meilen weit kamen sie her. In einem sehr bekannten Bild hat Ostendorfer eine dieser Prozessionen dargestellt. Die Wallfahrer, am Abend des St. Georgentages sollen es allein 50.000 gewesen sein, sorgten für die Ausbreitung der Seuche. Um Martini ließ die Wallfahrt nach. Gemeiner vermutet als Grund den beginnenden Winter, auch könnte die verheerende Seuche schuld daran gewesen sein, der auch in den nächsten Monaten nicht Einhalt geboten werden konnte. Wieder veranstaltete man Prozessionen mit den heiligen Särgen, feierte jeden Mittwoch im Dom eine Messe am Altar des hl. Sebastian und jeden Donnerstag in der neuen Kapelle. Die Seuche dauerte auch im folgenden Jahr noch an. Wegen der zahlreichen Gräber schüttete man auf den Domfriedhof einige 100 Fuder Sand, am 14. März wurde mit dieser Tätigkeit begonnen. Bereits den ganzen Sommer zuvor, als viel Volk zur „Schönen Maria“ gekommen war, wurde streng auf Reinlichkeit und Ordnung gesehen, die Gebote wegen der wöchentlichen Säuberung der Straßen und gegen das Schweineaustreiben, gegen das Ausschütten des Harns und anderer unreiner Flüssigkeiten wurden erneut eingeschärft, schließlich erließ der Rat eine förmliche Pestordnung. Diese besagte, daß kranke Personen und ihre Wächter vier Wochen lang in keine Kirche gehen durften, nicht in die Bäder, ja überhaupt nicht unter das Volk. Alles Hab und Gut erkrankter Personen durfte nur auf dem Judenfriedhof verkauft werden. Die Kranken mußten ihre Wäsche auf dem Unteren Wöhrd waschen. Vom

Branntweingenuß wurde abgeraten. Im Spital waren durch den Rat eigene Stuben für die Pestkranken angemietet worden. Für den leiblichen Unterhalt mußte jeder Kranke selbst sorgen, wer zu arm war, wurde auf Kosten der Stadt aufgenommen. Singen und Glockenläuten war verboten, der Kammerer Portner war mit vier Ratsherrn nach Ingolstadt geflohen.

Die bestehende Furcht steigerte sich noch, als am 22. Februar eine Stunde lang ein Zeichen zu sehen war: Ein Rad in den Farben des Regenbogens über St. Peter und über dem Dom stand zur selben Zeit ein farbiges Kreuz, die Sonne schien mit drei Scheinen bei heiterem Himmel. Der Winter war so mild gewesen, daß das Volk barfuß laufen konnte, die Kirschbäume blühten im Februar, die Bäume trieben aus. In diesen Dingen sah das Volk wieder einmal große Dinge vorher *„und verrückten den Leuten die Köpfe"*. Die vielen Wallfahrer verbreiteten die Seuche. In Amberg zählte man 1700 Pesttote, etwa ein Drittel der Gesamtbevölkerung. 5000 Tote sollen es in Tirschenreuth gewesen sein. Die Pest wird gemeldet aus Mitterteich, Hirschau und in der Umgebung von Waldershof. 200 fl. wurden in diesem Jahr hier, am ältesten Sebastiansheiligtum in der Diözese Regensburg geopfert. Um die Mitte des 16. Jahrhunderts wurde der Ort zu dem am meisten besuchten Wallfahrtsort in der Region. Bis aus Thüringen und Sachsen kamen die Pilger. In der Kirche wurde ein eigenes Pesttor errichtet. Wegen der Seuche stieg Herzog Ludwig am 22. Dezember 1521 in St. Emmeram ab. Als Folge der Seuche und des darniederliegenden Gewerbes betrug die Einwohnerzahl Regensburgs „nicht viel über 6000 Seelen", die Häuser hatten nur mehr einen geringen Wert, schon für 40 fl. waren Zinshäuser zu kaufen, ein ganzer Hof mit dazugehörigen Feldern war zum Spottpreis von 850 fl. zu haben.

Die Stadt nahm Geld auf und investierte kräftig. Durch die großzügige Verleihung des Bürgerrechts an Fremde versuchte man den Bevölkerungsverlust auszugleichen.

Die Abstände zwischen den einzelnen Nachrichten über Pestfälle wurden immer kürzer. So werden 1529 aus Hirschau Tote gemeldet, 1533 gab es in Nürnberg über 10 000 Tote, im benachbarten Neumarkt an die 800. Die Seuche hielt den Pfalzgrafen Friedrich jedoch nicht davon ab, sich mit seiner gesamten Hofhaltung nach Neumarkt zu begeben. Allerdings mußten die Misthaufen geleert, die Gassen gesäubert und ein neuer Friedhof angelegt werden. 1536 heißt es im großen Stadtbuch von Nabburg:

„In diesem Jar hatt es ziemlicher weiß hie gestorben und di Pestilentz hie regiert und etwas vil menschen Jungk und alt daran gestorben.“

Von einer Epidemie im Jahr 1541/42 war besonders die nördliche Oberpfalz betroffen, Tausende von Opfern gab es um Waldsassen und Tirschenreuth, hoch war wieder die Summe der Opfergaben in Waldershof. Auch Amberg war erneut betroffen. Die Residenz wurde von Amberg nach Neumarkt verlegt (5.10.1542).

Kurfürst Friedrich III. ließ um die Stadt einen Cordon ziehen und alle Amtsleute, in deren Bereich die Seuche grassierte, anweisen, sie sollten dafür sorgen, daß er und seine Regierung von allen Anfragen, Bittschriften und besonders von Besuchen der Amtsangehörigen verschont bleiben möchten (Schreiben vom 3.10.1542).

Als in Regensburg 1547 vereinzelte Pestfälle auftraten, wurde vom Rat betont, daß bei der Sperrung der Häuser niemand geschont werden würde und daß man auch bei Handwerkern keine Ausnahme machen würde. Präservativmittel sollten billig abgegeben werden. Auf Regensburg und Velburg begrenzt blieben die Pestfälle von 1553. 10 Jahre später griff die Seuche wieder auf die ganze Oberpfalz über. Auch dieses Mal kam die Seuche, wie schon öfter, aus Böhmen ins Land. Schleunigst ließ der Rat von Schwandorf durch Boten den Markt an Simon und Judä absagen und versah sich mit Heilmitteln. Pfalzgraf Ludwig zu Sulzbach erließ am 22.10.1563 ein Edikt, in dem es unter anderem hieß: Um bei jetzt schwebender Sterbsläufft mit guter Ordnung zuvorzukommen: *„Aller Mist in Gassen, Häusern, Hofraiten ist in acht oder längstens 14 Tagen auszuführen. Alle Miststätten und Gehäuß auf den Gassen und vor den Häusern sind abzutun und darf hinfür kein Mist mehr auf die Gassen noch gemein Ort gelegt werden.“*

Auch Regenstauf, Oberviechtach und Floß waren betroffen. In Floß gab es im ganzen Jahr 1562 107 Tote, im folgenden Jahr 569. Im September hatte man 169 Tote zu beklagen. Üblich waren sonst 4 Beerdigungen pro Monat. Hier der Pestverlauf in Floß: April 11 Tote, Mai 14, Juni 22, Juli 67, August 149, September 169, Oktober 79, November 23, Dezember 5. Nach Tagen: 28. August 11 Tote, 29. August 12, 1. September 12, erste Septemberwoche 59, 2. Septemberwoche: 51.

Von einer Seuche in der mittleren Oberpfalz, die in Schwandorf 50 Opfer kostete und bis ins Frühjahr 1575 dauerte wurde in Velburg der Pfleger Georg Hektor Wispeck erfaßt, der Kalvinist geworden war. Im Velburger Grundbuch des Rudolf von Windisch heißt es dazu: *„Gott hat damals wegen der Pest bestraft, so daß nicht nur der Inhaber dieser Herrschaft und seine Ehegattin, sondern soviele Inwohner in das Reich der Toten kamen, so daß alles in und außer der Stadt öde gewesen."*

Weitere schlimme Seuchenjahre wurden für die ganze Oberpfalz die Jahre 1582-1586. Wieder wurde die Seuche zuerst aus Böhmen gemeldet, doch herrschte sie auch in Sachsen und Meißen, wie uns das Nabburger Ratsbuch meldet. Schon bei den ersten Anzeichen der Seuche hatte die Stadt Weiden Schutzmittel beschafft. In den Stadtkammerrechnungen von 1582 heißt es:

„Als sich dies Jahres hin und wieder gefährliche Sterbsseuchen ereignet, haben ein erbar weiser Bürgermeister und Rat in zeitiger Fürsorge für ihre ehrbar Weisheiten, Herrn Stadtrichter, Stadtschreiber und beide Inventierer, also uf 17 Personen, die derzeit zu Nürnberg geordnete praeservativa und andere medicamenta wider die Seuch der Pestilenz durch Michael und Simon Steinhauser bei Leonhard Steberlein, Apotheker zur güldenen Kandel praeparieren und zurichten lassen. So kost als folgt, nämlich das Antidotum praeservativum uf ein Person 3 Lot zu 12 Kreuzer, tut 36 Kreuzer. Das Alexiterium uf eine Person 1 Lot 30 Kreuzer; Und die Confection ex extractione Angelicae tut 30 Kreuzer. Dann sonderbar zwen Pisam Köpf, 1 zu 6 Batzen, und Rauchpulver 1 Pfund samt Costen für Geschirr 24 Kreuzer. Also zusammentroffen 30 Gulden.

Hans Barthl Schedner, Buchbinder, für 13 Nürnberger gedruckt Regimen Wie sich in Sterbsläuften verhalten, zu 12 Pfennig, zahlt 5 Schilling 6 Pfenige, zusammen 30 Gulden 5 Schilling 6 Pfenige."

In diesem Jahr hatte es in Neumarkt bereits 40 Tote gegeben, in Hahnbach von 1582 auf 1583 insgesamt 191 Tote, in der ganzen Pfarrei Hahnbach 224 Tote. Das Sterben begann am 26. Juli 1582 in Spital mit einem böhmischen Ochsentreiber, der die Seuche offensichtlich eingeschleppt hatte. Dann starb am 3. August ein fremdes Bettlermädchen, ebenfalls im Spital. So geht es weiter. Wie ganze Familien ausstarben belegt das Kirchenbuch im September: Am 2. starben Wilhelm Hebenstreits Hausfrau und sein kleiner Sohn, einen Tag darauf ein weiterer Sohn und die Schwiegertochter, am 12. noch ein Sohn, am 17. September starb Wilhelm Hebenstreit selber und am 19. nochmals 2 Töchter. Der Friedhof um die Kirche wurde zu klein. Vor dem oberen Tor mußte ein neuer angelegt werden, eine Dienstmagd aus Süß wurde am 31. Okt. als erste darin beerdigt.

Neustadt/Wn. meldete 102 Gestorbene, auch Amberg wurde wieder ergriffen.

Im Altenstädter Kirchenbuch von 1584 wird uns durch den Kaplan Jakob Schöpf überliefert, wie die Seuche nach Neustadt kam: Ein gewisser Fischer Duchel, der unterm Stadtturm bei einem Schlosser wohnte, schleppte die Seuche ein. Dieser führte ein sehr unchristliches Leben und ging auch in infizierte Orte, u.a. nach Winklarn, wo sein Fischwasser war. Er ging in ein Haus, in dem zuvor 3 Personen an der Pest gestorben waren, um hier zu zechen. Seine Tochter wird krank und stirbt am 23. September. Ihr folgen noch 9 Personen aus dem selben Haus und viele andere, die das tote Mädchen angeschaut hatten. Daß durch Blickkontakt die Pest übertragen würde, war damals gängige Meinung.

Der Kanzler und die Räte schrieben dem Richter in Michelfeld, er solle wegen der dort herrschenden Pest nur Malefitzsachen (schwere Strafsachen) nach Amberg schicken und die Kanzleigeschäfte nach Möglichkeit einstellen. In Waldau sind 1586 75 von 79 Personen „peste" verstorben. Als die Stadt Nabburg 1584 den Flurer Jobst Heger anstellte, wurde vereinbart, daß er sich in Pestzeiten auch als Totengräber verwenden lassen müßte und er deswegen nicht *„zue den Leutten"* dürfte.

Regensburg blieb offensichtlich von dieser Seuche verschont, wurde aber 1590-1592 ergriffen: *„eine ziemliche Pest, viele Leute hingerissen"* berichtete Gumpelzhaimer. Nachdem die „eingefallene böse Seuche" in Pettendorf, Göggelbach und Reifenthal auch im Amt Burglengenfeld mit Todesfällen aufgetreten war, wurde am 1. September 1591 der Landrichter durch die Regierung in Neuburg angewiesen, folgendes anzuordnen: Die Badhäuser sollten geschlossen werden, die infizierten Häuser gesperrt, der übermäßige Branntweinkonsum sei abzuschaffen. Wiedergesundete Personen sollten sich eine gewisse Zeit aller gemeindlichen Zusammenkünfte enthalten. Jeder Hausvater sollte sich *„mit guten Mitteln gefaßt machen nebst eifrigem Gebet"*.

Von der Pest ergriffen wurde Burglengenfeld auch im Jahre 1599 wie viele andere Orte in der Oberpfalz. In verschiedenen Orten der Oberpfalz zeigte sich ab 1597 wieder die Pest, nach anderen Quellen soll es sich um die Blattern gehandelt haben. Pfalzgraf Friedrich erließ ein Generalmandat. Ein Jahr darauf schrieb der Statthalter Christian Ernst zu Anhalt an den Richter in Michelfeld, er solle alles aufbieten, damit die Pest nicht in sein Stift komme. In

Burglengenfeld ließen die Amtsleute sofort die Häuser sperren, in Regenstauf wurden 55 Häuser infiziert, 96 Personen starben. In den Pfarreien Deuerling, Nittendorf und Leonberg gab es ebenfalls zahlreiche Tote zwischen dem 1. September und dem 30. November. Laaber zählte vom 11. Juni bis zum 13. November 25 Tote. Vom März 1599 bis Januar starben in Vorderetzenberg 26 Personen, in Bergstetten 6, in Endorf 5 und in Laaber 50. In Nittendorf, wo die Seuche von Kelheim aus eingeschleppt wurde, starben 115 Personen, Steinsberg zählte vom 3.-8. Oktober 4 Tote, Ramspau vom 5. August bis 6. Dezember 62 Tote, Rötz 351 Opfer im ganzen Jahr, zahlreiche Tote gab es auch in Neumarkt, Pölling, Fischbach, Leonberg und Kallmünz. Pfreimd erließ eine eigene Seuchenordnung: Am 14. Okt. 1598 beschloß der Rat der Stadt Pfreimd, daß die Bauern von Weihern samt ihrem Gesinde nicht mehr in die Stadt gelassen werden sollen, weil bei ihnen die „Pestis" eingerissen habe, an den Stadttoren soll *„der Sterbsleuff halben"* die Wacht etwas fleißiger versehn werden, zumal gerade an diesem Tag im Spital eine Person an der Pest gestorben sei. Es sollen Mittel und Wege gefunden werden, damit die Seuche nicht noch weiter einreißt. Diese Ordnung solle am Sonntag der ganzen Gemeinde auf dem Rathaus eröffnet werden. Wenige Wochen danach starb zu Friedersdorf das Weib des Vogelbauern und etliche Kinder. Trotzdem ließ Endres Gebhard, Schuster in Pfreimd, den Vogelbauern nicht nur in sein Haus ein, er ließ ihn sogar noch Bier zechen. Am 23.12. wurde der Schuster deshalb zu einer Strafe von 1 Pfund Pfennigen verurteilt. In der gleichen Sitzung teilt der Bürgermeister den Räten mit, daß nach der Anzeige der Heidelberger Ärzte die jetzt regierende Pestis anders sei als frühere Seuchen. In diesem Fall handelte es sich offensichtlich nicht um die Beulenpest, sondern wahrscheinlich war in der ganzen Oberpfalz eine Blatternepidemie ausgebrochen. „Dieser langjährige und gemein Landsterb" begann in Regensburg um Johannes Baptistae ganz langsam, nahm im Herbst und Winter immer mehr zu, *„anno 1599 gingen in die 800 Personen allhie schlaffen, dass mithin die Leichen sich ziemlich gehäuffet und die Häuser gewaltig geräumet worden."* (Dimpfel)

Am Rathaus in Regensburg und an den Kirchentüren wurde ein Mandat angeschlagen, man teilte dieses Mandat den Bürgern auch einzeln mit. Um nicht ein allzugroßes Aufsehen zu erregen, befahl man keine eigenen Gebete, sondern fügte Bitten den Gebeten gegen die Türken an. Alle Lustbarkeiten, Tanz und Musik waren verboten, Buße und Frömmigkeit empfohlen. Zu Hochzeiten durften nicht mehr als 26 Personen geladen werden, große Aufzüge, wie der Einzug der Schützen verboten, den Schulknaben war das Singen untersagt. Das obengenannte Mandat enthielt folgende 16 Punkte:

„1. Busse zu thun, um Gottes Zorn abzuwenden und damit die Arzeney ihre Wirkung thun möge, 2. Enthaltung von rohen Obst, namentlich Schwämmen und verschiedenes Steinobst, 3. Reinlichkeit und Unterlassung des Ausgiessens stinkenden Wassers in die Höfe oder auf Strassen, sondern Tragung desselben in die Donau, 4. Blut soll gleichfalls nur in fliessendes Wasser getragen werden, 5. Niemand soll auf der Strasse seine Nothdurft verrichten, 6. die Miststätten auf den Pflaster sollen weggeschafft werden, 7. die Strassen fleissig zu kehren, 8. alle Schweine aus der Stadt zu schaffen, 9. jedes soll sich vor der Seuche hüten und in Häusern räuchern, 10. wo ein Kranker in einem Hause, dahin soll man nicht gehen, 11. keine Fremden aus vergifteten Orten einnehmen, 12. nach ausgestandener Krankheit darf keiner 4 Wochen lang in eine Kirche, Badstub oder öffentliche Versammlung gehen, 13. Kleider und Wäsche von solchen Kranken dürfen nicht wieder gebraucht, noch in der Stadt gewaschen werden, 14. wenn ein Kranker im Haus nicht gelassen werden kann, soll es einem aufgestellten Verordneten angezeigt werden, der ihn mit seinen Kleidern nach St. Lazarus in die Anstalt bringen lässt, auch verschafft dieser Vorsteher Wärter, 15. in den Apotheken ist Arzney angeordnet für jeden um billiges und den Armen unentgeldlich, 16. auch ein Barbier zum Aderlassen ist aufgestellt und nach einem besonderen Rathschluss wurde auch eine eigene fremde der hiesigen Hebamme für die infizirten angenommen. Stirbt jemand, so soll es dem Verordneten angezeigt werden, der sogleich die Begräbniss besorgt“.

Immer wieder gab es Probleme, da sich die Leute oft nicht an die Mandate gehalten haben. Richter Adler aus Burglengenfeld berichtet am 7. November 1599, daß die Leute dadurch erkranken, daß sie trotz der Verbote an die Orte laufen „wo die Luft vergiftet ist“, oder weil sich die Gesunden nicht von den Kranken absondern, deren Kleider anziehen, mit ihnen essen und trinken und „an der bösen Krankheit in Übereilung dahinsterben“.

Ab dem Jahr 1600 wird fast jährlich aus irgend einem Ort Süddeutschlands eine Seuche gemeldet. Im Jahre 1600 wird Neumarkt gesperrt, es herrscht die Pest in Böhmen und im Nürnberger Raum, im Jahr darauf wird Oberfranken erfaßt und 1602 gibt es sporadische Pestfälle in Regensburg, Schwandorf, Burglengenfeld, die auch in dem folgenden Jahr noch in Erscheinung treten. Pesserl berichtet für Schwandorf, daß sich im Jahre 1602 im Seelhaus 8 Personen befanden. Es wird vorgeschlagen, dieses Seelhaus in der Stadt zu verkaufen und dafür vor der Stadt ein Lazarett zu erbauen. In diesem Jahr nahm die Schwandorferin Elisabeth Polweger ein verwaistes Mädchen auf, deren Eltern an der Pest gestorben waren, samt ihrem Bett. Bei der Reinigung dieses Bettes entwickelte sich das „Pestgift" und raubte der Polweger und vielen anderen Menschen das Leben.

Auch aus Neumarkt werden in den nächsten Jahren immer wieder Pestfälle gemeldet (1602, 1604, 1606, 1607, 1612, 1613), ebenso aus dem fränkischen Raum. Bei der Seuche von 1607 in Sulzbach handelt es sich wahrscheinlich um Blattern und Fleckfieber. Auch bei der Seuche, die 1611 Eschenbach erfaßte und bei der 138 Kinder und 119 Erwachsene starben, handelte es sich vermutlich nicht um die Beulenpest. Die Ruhr herrscht 1612/13 in Floß, jedoch werden in dieser Zeit aus ganz Deutschland Fälle der Beulenpest gemeldet. Von Juli bis Dezember 1613 sterben in Regensburg 815 Personen, obwohl der Rat im Jahr zuvor „väterlichste Ermahnungen" hatte verkünden lassen. 400 Studenten Altdorfs verließen die Stadt, ein Professor erlag der Seuche. Das Vilstal mit den Orten Amberg, Vilshofen, Siegenhofen und Kallmünz wurde erfaßt, ebenso Weiden und Tirschenreuth, während Sulzbach und Auerbach verschont blieben, weshalb auch die Regierung am 11. August für 6 Monate nach Auerbach verlegt wurde. Im Naabtal wurden Schwandorf, Burglengenfeld und Duggendorf erfaßt, Amberg zählte an die 600 Tote, die Ratswahl mußte entfallen, die Schiffahrt auf der Naab wurde eingeschränkt: Am 30. September 1613 schrieb der Landrichter zu Burglengenfeld an die Stadt Amberg, *„daß wohl die Schiffahrt (auf Naab und Vils) passieren könne, die Schiffsleut sollen aber nicht beherbergt und eingelassen werden, außer sie legten eine Bescheinigung vor, daß sie von keinem infizierten Ort kommen"*. Der kurfürstliche Statthalter in Amberg bzw. Auerbach verwahrte sich gegen diese Forderung *„da die Seuche in Ambergischen Landen nicht so böse und die Kurstadt mit Ungrund verschrieen sei."* Die Flucht nach Auerbach ließ diese Auskunft nicht sehr glaubwürdig erscheinen und der Landrichter zu Burglengen-

Die Pfeile des Todes werden in einem Totentanzfresko in der St.- Anna-Kapelle in Roding (Lkr. Cham) verschossen. Das Bildnis entstand um das Jahr 1660.

feld blieb auf Befehl des Pfalzgrafen Philipp Ludwig auf seiner Forderung bestehen. Schwandorf verstärkte seine Wachen und stellte an jedes Tor zwei Posten.

Am 17. Oktober erst wird Regensburg völlig abgeriegelt. Hier gibt man fremden Reichstagsbesuchern die Schuld, sie hätten die Seuche eingeschleppt. Das Jesuitenkolleg ist besonders schwer betroffen. In Eslarn wurde der gerade erst erweiterte Friedhof wieder zu klein, nachdem man hier in 6 Monaten hatte 500 Tote begraben müssen. Die St. Sebastian geweihte Friedhofskapelle dürfte aus dieser Zeit stammen.

Bei der Seuche, die 1620/22 die Oberpfalz erfaßte, handelte es sich wahrscheinlich um Fleckfieber. Dieser Seuche fielen in Kohlberg innerhalb 14 Wochen 40 Menschen zum Opfer, auch in Weiden war die Todesrate sehr hoch (255 Tote). So wurde 1621 wiederum ein Pestmandat erlassen. Bei der „Pest" in Waidhaus in diesem Jahr handelte es sich möglicherweise um Typhus. Als 1624 in Nürnberg eine Seuche herrschte, erbat der Neumarkter Stadtmedikus von den Nürnbergern Auskunft.

Er empfing die Antwort, daß die Pest vor 11 Monaten von Fremden eingeschleppt worden sei, daß sie sich von da ab immer weiter verbreitet habe, doch meistens bei Leuten aus niederen Ständen und solchen, die eine unpassende Lebensweise geführt, zum Ausbruch gekommen sei. Über die Krankheit selbst geben die beiden Pestilentiarii DD. Heinr. Kirchberger und Joh. Leopold folgenden Bericht: *„1. Das pestilenzialische Contagium dieser Stadt ist theils ein unmittelbares, theils ein mittelbares. Uebrigens weil bei den praktischen Aerzten das durch Gegenstände verbreitete Kontagium wie das in Distanz wirkende gleichmässige Kontagium genannt wird (denn man gebraucht es sowohl zur Bezeichnung eines Ansteckungsstoffes als auch der infizirten Luft), so ist zu bemerken, dass wir unter demselben nichts anderes verstehen, als einen Krankheits-Herd (Fomes). Das Pest „Miasma" ist Gott Lob bei uns zur Zeit nicht durch die Luft verbreitet worden. Daher ergreift die Pest die Menschen bei uns entweder durch einen besonderen Zunder (Fomes) oder durch unmittelbare Berührung. Auf die erste Weise nahm die Krankheit ihren Anfang, auf die zweite gewann sie Verbreitung. Was die Kranken selbst betrifft, so werden diese meist gleich vom Anfang an von einer bedeutenden Hinfälligkeit ergriffen mit Gefühl von Frost oder Hitze, Brechreiz, wirklichem Erbrechen und zuweilen von Bewusstlosigkeit, worauf sich in Kürze Anthraces und*

Bubonen, theils von verschiedener Farbe, theils von der Farbe der Haut selbst bilden. Doch sind diese Symptome nicht bei allen gleich, sondern verschieden, je nachdem diese oder jene Theile zuerst mit dem Ansteckungsstoff in Berührung kommen. Denn einige werden mit Kopfschmerz, Hinfälligkeit, Ohnmacht befallen, andere klagen über unstillbaren Durst, Fieberhitze und Schlaflosigkeit, auf welche bald Delirien folgen, wieder bei anderen erscheinen sogleich die charakteristischen Zeichen der Pest und zwar oft ohne die den Pestbeulen gewöhnlich vorhergehenden heftigen Schmerzen. Bei einigen Pestkranken entstanden unter den Erscheinungen der Euphorie Abscesse, bei anderen war damit unter heftige Ohnmacht verbunden. Bei einigen beobachtete man bloss Anthraces, bei anderen traten Anthraces und Bubonen zugleich auf. Diejenigen, bei welchen in entfernteren Theilen, z.B. der Leistengegend, Bubonen ausbrachen, wurden fast alle geheilt, während die, bei denen sie auf der Schulter oder der Brust ausbrachen, fast alle starben. Nicht selten trat übrigens der Tod plötzlich, unter scheinbar günstigen Symptomen ein, aber eben so oft sah man auch solche, welche durch die Heftigkeit der Erscheinungen in der äussersten Lebensgefahr zu schweben schienen, gegen alle Erwartung der Gefahr entrinnen und genesen. So gross ist die Täuschung und Bösartigkeit dieser Krankheit. 2. Die Zahl der Gestorbenen beträgt nicht mehr als 193. 3. Was endlich in sanitätspolizeilicher Hinsicht von uns abgeordnet wurde, könne in dem deutsch geschriebenen Traktat unter dem Titel: „Kurzer Bericht, was man sich zur Zeit der Sterbläufften zu verhalten, die schwere Seuch der Pestilenz durch Gottes Gnad' zu verhüten, hergestellt durch die verordneten Doktores der Arznei dieser Stadt, Nürnberg Anno 1600", nachgelesen werden."

1625 starben angeblich in Karlsbad 30.000 Menschen an der Pest. Im gleichen Jahr wurde auch der Pfarrer von Kohlberg ein Opfer dieser Seuche. Wieder wurde ein Mandat erlassen, Rötz meldete 237 Tote. In Weiden wurde der Michaelimarkt abgesagt. Durch konsequente Absperrmaßnahmen blieb Weiden verschont, obwohl Nachbarorte wie Kohlberg von der Seuche erfaßt wurden.

Zu Beginn des Jahres 1626 verbreitete sich das Gerücht, Schwandorf wäre verseucht und gesperrt. Der Rat Schwandorfs schrieb deshalb am 21. Januar an die umliegenden Städte, daß in Schwandorf alles gesund wäre und man deshalb bäte, den unterbrochenen Verkehr wieder aufzunehmen. In Amberg wurden durch die Jesuiten öfters Vespern und Ämter um die Abwendung der Pest gehalten. Burglengenfeld zählte in diesem Jahr 157 Pesttote, Pottenstetten 70, Bubach am Forst 7 Tote. Oberviechtach machte ein Pestgelübde, in Sulzbach starb ein Soldat aus Böhmen an der Pest.

Im folgenden Jahr dauerte der Schrecken an. Im Darium (Tagebuch) des Amberger Jesuitengymnasiums steht noch öfter der Vermerk: „officium solemne pro peste avertenda“ (feierliches Amt zur Abwendung der Pest). Am Fest des hl. Sebastian war schulfrei. Michelfeld wurde ergriffen, Kemnath und Bärnau; und wieder traf es Burglengenfeld. Der Sage nach sollen nur 12 Familien überlebt haben. Als man 110 Mann Soldateska aus dem infizierten Kemnath nach Nabburg und Neunburg legen wollte, wehrten sich die beiden Städte und baten den Kurfürsten, man möge sie vor der Einquartierung verschonen, es seien schon 3 Soldatenweiber angekommen, von denen eine bereits die Infektion der schwarzen Blattern am Halse habe. Daher habe man sie auch nicht eingelassen und sie müssten vor der Stadt in einem Garten kampieren. Außerdem seien durch Schauerschlag und zwei große Durchzüge die Bürger erschöpft. Man solle die Truppe wenigstens 4 Wochen anderswohin legen, dann könne man sehen, ob noch Ansteckungsgefahr bestünde. Maximilian ließ mitteilen, an der Einquartierung ließe sich nichts mehr ändern, außerdem sei von den Soldaten bisher noch keiner erkrankt.

Der Pfleger von Burgtreswitz berichtete an die Regierung in Amberg, daß ein Haus *„äußer des Markts Eslarn, nächst dem Friedhof“* von der Pest ergriffen worden sei. Die Regierung schrieb dem Pfleger, man möge dafür sorgen, daß die Umgebung von Eslarn nichts von der gefürchteten Krankheit erfahre. Das Haus, in dem die Pest ausgebrochen sei, solle man „verschlagen“ und den Mandaten gemäß dürfe niemand hinein oder hinaus. Die Pest schien nicht weiter um sich gegriffen zu haben.

Im Juli 1626 hatte die Pest Waldmünchen, im August Trausnitz und Amberg und im Oktober einen Großteil der Oberpfalz erfaßt. Im folgenden Jahr traf es vor allem die Ämter Wetterfeld, Kemnath, Neumarkt und Burglengenfeld, verschont blieben Nabburg, Neunburg (trotz Einquartierung) und Pressath. Die Bevölkerung ließ sich von Krankheit und Krieg offenbar nicht beeindrucken, denn es heißt, daß das Volk trotzdem lauten Vergnügungen huldigte und nachts auf den Straßen allerhand Kurzweil trieb.

Sehr schlimm hauste die Seuche am Regen, „wo solche sehr stark angehalten hat", während Regensburg wieder nur Einzelfälle zu melden hatte, ähnlich wie in Sulzbach, wo 1626 ein Soldat aus Böhmen Pestbeulen anzeigte und im August 1627 zwei weitere Personen an der Pest erkrankten.

Neunburg, im Vorjahr noch verschont, wurde 1628 ergriffen. Die zur Seelsorge eingesetzten Jesuiten fielen alle der Seuche zum Opfer, erneut traf es Neumarkt und Burglengenfeld. Ende September zeigte sich in Regensburg in der Apotheke „auf dem Kreuz" ein Pestfall. Umgehend wurde befohlen, die Kranken mit dem Nötigsten zu versorgen, das Haus selbst aber blieb streng abgesperrt. Das Vieh wurde dem Almosenamt übergeben.

Die Pest war um 1629/30 ziemlich erloschen, nur aus Neumarkt wurden noch einige Fälle berichtet. 1630 erschien ein Generalmandat, in den nächsten Jahren gab es fast regelmäßig Mandate in Bezug auf die Pest.

Die Wirren des Dreißigjährigen Krieges hatten nun auch die Oberpfalz erreicht, die Heere Maximilians und Wallensteins brachten die Pest mit nach Amberg, 250 kranke Soldaten wurden hier zurückgelassen. Die zahlreichen Durchzüge verbreiteten zugleich auch die Seuchen. Eine „umbgartliche Kopfkrankheit" (Grippe?) erfaßte Ende Juli 1631 Michelfeld. Anfang Dezember wurden zahlreiche Bürger Ambergs durch die einquartierten Soldaten angesteckt, die Pest wurde jedoch nicht gleich erkannt, am 8. Januar 1632 wurde der Physikus Dr. Golla von der Stadt aufgefordert, ein Gutachten abzugeben. Im Februar waren alle Quartiere in der nördlichen Oberpfalz und in Eger von der Pest ergriffen worden, in Eger war bis April die Hälfte der Garnison gestorben. Schrecklich wütete die Seuche in Nürnberg, wo angeblich 29 406 Personen starben, an manchen Tagen sollen 1000 Personen beerdigt worden sein. Im Dezember gab es hier kein schwarzes Tuch mehr.

Zur Pest kam 1633 in Amberg die Ruhr. Im Juli und August wurden in Amberg täglich 40 Tote beerdigt. Vilseck, das jährlich nur 8-12 Beerdigungen zählte, wies 1633 198 Tote auf. Zur Ernte fehlten im August die Arbeitskräfte, was bei der vorherrschenden nassen Witterung als doppelt schwer empfunden wurde.

Amberg berief die „praefecture sanitatis" ein. Um die Bevölkerung nicht zu sehr zu ängstigen, fanden die Beerdigungen nachts statt. Viele Häuser waren vollständig ausgestorben. Die Periode von 1632 – 1635 wird zu den schlimmsten in der Geschichte der

Oberpfalz gehören. Infolge der Durchzüge der kaiserlichen Truppen und die Raubzüge der Schweden waren die Bewohner durch Obdachlosigkeit und Hunger geschwächt, eine leichte Beute der grassierenden Seuchen.

Bis zum heutigen Tag erfüllen die Bewohner von Hochdorf (Lkr. Regensburg) ihr Gelübde aus den Pestjahren 1713/14. Am Ortseingang wurden in einem Pestgrab die Opfer der Seuche begraben.

„. . . sintemalen viel Burgersleut daselbsten an der Pest stürben“

Das Pestjahr 1634

Die Pest der Vorjahre trat immer heftiger und häufiger auf. Am 10. April klagte der Amberger Stadtrat darüber, daß die in die Stadt geflüchteten Bauern die Pest „einzetteln“ würden. Zwei neue Stadtärzte wurden angenommen, der bisherige Stadtarzt Dr. Pfenholz wurde am 2. August zum General-Inspektionskommissar ernannt. Bereits ab dem 10. Juli wurden die Schulen geschlossen. Im Sitzungsbericht vom 26. Juli hieß es, daß die Pest „je länger je mehr“ zunähme. Am 17. August mußten für den Leichentransport zwei zusätzliche Ochsen beschafft werden. Am 12. September wurde im Rat verhandelt, daß die Seuche jeden Tag mehr einreiße und bereits gesundete Häuser erneut infiziert werden würden. Mehrere Mitglieder vom inneren und äußeren Rat seien gestorben. Im September fand die bekannte Prozession statt. Man trug ein Marienbild zusammen mit 34 Votivbildern auf den Berg und brachte das Gnadenbild in dem vorhandenen Turm unter. Am 22. September starb der Bürgermeister Zeiler. Während sonst in der Regel wöchentlich 3-4 Sitzungen des Rates stattfanden, ruhten vom 22. September bis 16. Oktober die Ratsgeschäfte. Die Mehrzahl der Ratsmitglieder war offenbar erkrankt.

Die am 11. Dezember gestorbene Bürgermeisterswitwe Preuschl vermachte „uf dem Amberger Thurm zu der neuen Kapellen“: 1 geweißelten Kettengürtel, 1 Silbergürtel und ein Leinentuch. Der Bau einer Kapelle war also gegen Ende des Jahres schon beschlossene Sache. Die Stadt war schließlich total entvölkert. Am Anfang der Seuche starben täglich 6-7 Personen, schließlich waren es 15-20, auf dem Höhepunkt der Seuche starben in Amberg täglich 40 Personen. Das Franziskanerkloster, Spital, Seelhaus, Ziegel- und untere Nabburgergasse, die untere Apotheke und viele andere Häuser waren gänzlich ausgestorben. 18 von 28 Mitgliedern des Jesuitenkollegiums lebten nicht mehr. Die infizierten Häuser wurden mit Schlössern abgesperrt, kein Mensch durfte ein infiziertes Haus verlassen. Bald gab es in der ganzen Stadt keine Schlösser mehr. Posten mußten aufgestellt werden, die darauf achteten, daß keine Pesthäuser betreten wurden. Als Ursache der schnellen Verbreitung wurde angenommen: Das Hin- und

Herschleppen von Mobilien und der Zuzug fremder Personen vom Lande herein. Außerdem warf man dem Pestarzt Dr. Pfenholz vor, er habe die infizierten Häuser zu spät sperren lassen. Der Angegriffene verteidigte sich, *„er sei um Mitternacht sogar auf Straßen und Gassen gegangen, um festzustellen, ob die Leute ihre Häuser verschlossen hätten.“* Wenn die Türen nicht verschlossen waren, habe er die Häuser bei Androhung einer hohen Geldstrafe bannisiert und den geheimen Aufsehern befohlen, die Delinquenten in Eisen und Banden zu halten, die Frauen mit der Geige zu strafen und die Reichen mit Geldstrafen und Gefängnis zu belegen. Auf etwa 4000 wird die Zahl der Opfer in Amberg geschätzt. Diese Zahl ist wahrscheinlich etwas zu hoch gegriffen. Aber die Verluste waren unbestritten sehr groß.

Auch aus Schnaittenbach und Hirschau wird das Auftreten der Seuche überliefert. Die nördliche Oberpfalz blieb ebenfalls nicht verschont. Aus Angst vor der Verbreitung der Krankheit wollte man in Tirschenreuth die vielen Landleute, die vor den Schweden in die Stadt geflüchtet waren, in ihre Heimatorte zurückweisen. Am 11. Juni wurde daher vom Rathaus ein „Verruf“ verlesen, wonach sich alle auswärtigen Untertanen sofort nach Hause begeben sollten. Ihr Vieh sollten sie mitnehmen. Wer es zu weit hatte oder krank war, konnte sich in Groß- oder Kleinklenau oder anderen umliegenden Orten aufhalten. Doch diese Vorsorgemaßnahme war zwecklos, die Pest war bereits in der Stadt und wütete so stark, daß wie in Auerbach die Totengräber fehlten.

Neustadt am Kulm zählte 300 Tote, die Pfarrei Windischeschenbach an die 500. In Kemnath waren am 23. November von 180 Einwohnern 150 gestorben. Auch in Erbendorf und Waldsassen herrschte die Seuche. In Windischeschenbach hat man die vielen Opfer wie auch in anderen Orten in Massengräbern beigesetzt, hier auf dem sog. Harleshofeggerten. Die Pfarrei Altenstadt zählte von August bis Dezember 261 Opfer der Pestilenz, in manchen Häusern starben bis zu 5 Personen. In der tiefer gelegenen unteren Vorstadt starben mehr Leute als in der hochgelegen Stadt und der oberen Vorstadt. Zahlreiche Bauern waren auch hier in die Mauern geflüchtet, der Rat bat dringend, vor Einquartierungen verschont zu bleiben. Vor Angst und Not starben die Leute dahin, ehe sie 40 Jahre alt würden, heißt es im Altenstädter Kirchenbuch.

Eine sehr gute Quelle für die Zeit des Dreißigjährigen Krieges bedeutet die Chronik des Weidener Bürgermeisters Schabner. Er geht ausführlich auf die Pest in Weiden ein. Auf Befehl des Herzogs Bernhard von Weimar müssen aus taktischen Gründen in kürzester Zeit 149 Häuser der Vorstadt abgebrochen werden, da man ansonsten die Stadt einfach niederbrennen würde. Die Besitzer helfen schließlich selbst beim Abbruch, um wenigstens das Brennholz zu retten. Mittlerweile hat man angefangen, zu schanzen. Schabner schreibt weiter:

„Und weilen inmittelst die Pest mit einfiel und von auswärtigen Leuten sowohl um dieser Infektion als auch der kaiserlichen Parteien willen niemand mehr herein kam, so mußten die Burgersleut und Soldatenweiber täglich schanzen; da wurde nicht allein der Stadtgraben wieder etwas repariert und mit neuen Masen obenher besetzet, sondern es wurde auch eine große Schanze im Triangel bei dem Pförtl oder Stadttürlein verfertiget und dieselbe Schanz, weilen mehrenteils von Soldatenweibern erbauet (sintemalen viel Burgersleut in morgens früh frisch und gesund zur Arbeit gingen, plötzlich daselbst an der Pest stürben) wurde hernach die Hurenschanz genennet und zum Zeichen oben auf der Schanz eine steinerne Säule aufgerichtet. Darnach wurden unter solchem Schanzen um der Seuche willen dann vom 17. August bis den 6. November dieses 1634. Jahrs, weilen auch von dem Amte viele eingeflehete Leute sich dahier aufhielten, auf die 1800 Personen, unter welchen auch meine liebste Hausfrau war, plötzlich dahingerafft; manchen Tag wurden 40-50 Personen begraben und auf einem Wagen mit schwarzer wüllener Decke und drei Pferden, gleichwie Scheiterholz zusammengeschlichtet, beim lichten hellen Tag hinausgeführet; da wurden auch große Gruben in einem Garten, so vor diesem dem Steinen wieder zugedecket, viel aber wurden ehrlich mit Gesang und Klang, ingleichen meine liebste Hausfrau, hinausgetragen und in dem rechten Gottesacker zu den ihrigen ehrlich begraben. Vorhero aber, ehe uns dann diese schreckliche Seuche eingerissen, hat die ungarische oder Hauptkrankheit stark regiert und viel Vornehme und ehrliche des Rats und Bürger, fast lauter Mannspersonen, insonderheit Herrn Zacharias Ötterer, Adam Prüschenk, Daniel Ruff, alle drei Bürgermeister, und M. Friedrich Genkler, Stadtschreibern, dann Jakob Koch des Rats mit anderen vornehmen Bürgern (worauf auch die Pest alsobalden erfolget) hinweg genommen. Ehe uns dann aber der große Sterb eingefallen, hat es unterschiedlich scharfe Scharmützel mit den Kaiserlichen und Schwedischen geben, doch jederzeit die Schweden das Feld erhalten“.

Beim Bau der Eisenbahnunterführung im Jahr 1896 fand man, nur ca. 30 cm unter der Erdoberfläche und bis in eine Tiefe von 1,70 m die Gebeine der Pesttoten dieser Jahre, schichtweise mit Kalk und Schutt bedeckt.

Die südliche Oberpfalz war ebenso von der Seuche ergriffen. In Schwandorf wurden die Leute ganz überraschend von „Beulen und großen unbekannten Blattern“ befallen, innerhalb von 2 Monaten verlor der Ort fast ein Drittel seiner Bevölkerung. Ganze Familien starben aus, so berichtet Pesserl in seiner Schwandorfer Chronik, außerdem hatte der Ort durch zahlreiche Durchzüge vor und nach der Seuche zu leiden. Ein gewisser Jobst Hans von Kornhüter aus Küchelgrub starb mit Frau und 7 Kindern. Der Pfleger Georg Dietrich Altmann von Winzer flüchtete auf sein Landgut Neukirchen bei Schwandorf. Die Flucht war zwecklos. Die seit 1628 in Neunburg v. W. zur Rekatholisierung eingesetzten Jesuitenpatres werden ebenfalls Opfer der Seuche. P. Wenck stirbt am 18. Juli, P. Agricola am 9. Oktober. Nach alten Erzählungen fielen in Pfreimd die Leute auf der Straße um wie die Fliegen.

Die östlichen Teile der Oberpfalz schienen zuerst infiziert worden zu sein. Aus Haibühl trat die Seuche bereits im März 1634 auf und dauerte bis Mai, im August wütete sie in Hintereschlsaign, August bis Dezember wurden für Ottmannszell zu Schreckensmonaten, Arrach ebenfalls von September bis Dezember ergriffen. Wie vorsichtig man sich die Sterbezahlen ansehen muß, belegt Haibühl. Obwohl der Sage nach alle Bewohner bis auf einen gestorben sein sollen, meldete die Matrikel nur 9 Pesttote. Roding und Furth wurden ergriffen, 1633/34 zählte man in Rötz 876 Tote, in Waldmünchen sollen es über 1000 gewesen sein. Schönsee wurde erfaßt und Cham. Brennberg zählte über 800 Opfer.

In der westlichen Oberpfalz verlor Hemau die Hälfte seiner Bevölkerung. 1634 zählte man 30 Taufen, im Folgejahr nur 13. Neumarkt berichtet von 467 Pestopfern. 1634 war das letzte Pestjahr für Neumarkt. Seit dieser Zeit wallfahrten die Beilngrieser jedes Jahr zum heiligen Sebastian nach Breitenbrunn, eine Wallfahrt, die auch heute noch jeden Pfingstmontag gehalten wird. Im benachbarten Dietfurt grassierte ebenfalls der Schwarze Tod.

Schließlich wurden in Amberg die Lebensmittel knapp. In der Not beschlossen Regierung und Rat, daß die in den Häusern eingeschlossenen Personen die Stadt verlassen könnten, um die frische

Luft genießen zu können. Unterhalb des Kalvarienberges errichtete man für die Kranken Strohhütten. P. Hell, der Initiator der Wallfahrt auf den Amberg starb am 20. Oktober in Moos, wohin er vor der Pest geflüchtet war, selbst an der Pest. Die Überlieferung, daß die Pest unmittelbar nach der Übertragung des Gnadenbildes aufgehört hätte, stimmt nicht. Erst im Winter ließ die Seuche nach, um im Februar 1635 ganz abzuklingen. Am 7. Oktober erfolgte die Grundsteinlegung zum Neubau einer Rundkapelle neben dem alten vorhandenen Turm, der zwischenzeitlich als Aufbewahrungsort für das Gnadenbild diente.

Ähnlich wie in Amberg erreichten auch in Sulzbach im August die Sterberaten ihren Höhepunkt und die Seuche dauerte bis in den Winter hinein. In 9 Monaten starben 1200 Personen, im August allein waren es 275 tote Bürger. Ganze Straßenzüge starben aus, die Häuser verfielen schließlich. Etwa die Hälfte der Einwohner wurden ein Opfer der Seuche, die aus dem Nürnbergischen in die Stadt gekommen sein soll und dort bereits 1624 entstanden war. In keiner Zeit ist die Bevölkerung von Sulzbach so dezimiert worden. Die Witwe des Herzogs August klagt *„daß bei den in unserm Wittum in Sulzbach passierten Haupt- und Pestilenzischen Krankheiten bei den armen Leuten großes Wehklagen gewesen. Daß dieselben in ihren höchsten Nöten weder Arzt noch Apotheker noch Medikamente hatten“*. Bald darauf hatte Sulzbach wieder eine Bevölkerungszahl wie vor der Epidemie erreicht. Es ist zu vermuten, daß der Teil der Bevölkerung, der es sich leisten konnte, die Stadt rechtzeitig verlassen hatte und durch Zuwanderungen die Bevölkerungsverluste bald wieder ausgeglichen waren.

Ebenfalls im Sommer wurde Auerbach erfaßt. Die etwa 1700 Leichen konnte der Friedhof nicht mehr fassen, so daß ein Teil der Opfer in Gärten begraben werden mußte. Bis ins letzte Jahrhundert bewahrte man auf dem Boden der Kirche einen zweirädrigen Pestkarren auf, mit dem man die Seuchenopfer transportiert hatte. Wie schon 1627 herrscht auch 1634 in Michelfeld die Pest. Man fand niemanden, der die Leichen begraben wollte. Die Gestorbenen begrub man gleich in den Gärten bei den Häusern. Mit den zwei Ortspfarrern waren hier 144 Personen der Seuche erlegen.

In Vilseck stellt der Bürgermeister am 27. Juni an den versammelten Rat die Anfrage, *„wie man es fürsters halten solle, weilen die Seugt je länger je mehr einreiße und niemandt fast mehr zu bekommen, der die thoten Leynahmd zu Grab tragen thue“*. Beschluß:

An das Pestjahr 1634 erinnert der Bildstock in der Nähe des Friedhofs von Hirschau (Lkr. Amberg-Sulzbach)

„Soll Vorsehung geschehen. . . u. sollen diejenigen, so kranckh u. sich herein (in die Stadt) begeben, zur Verhüttung mehrer Gefahr wiederumd hinauß geschafft werdten." 30. Juni: Bestellung zweier Totengräber für die an der Pest Verstorbenen, *„so ufm Gottsacker nacher St. Linhardt begraben werdten sollen"*, sowie zweier Leichenfrauen. 13. Juli: Isolierungsmaßnahmen gegen die „invicierten Heuser". 9. u. 17. Okt.: Ratserneuerung, *„dieweilen der Rath bis uf 4 Person ausgestorben"*. 6. Okt.: gegen die in Aussicht genommene bessere Bestellung der Stadtwache macht die Bürgerschaft geltend, *„daß ihrer irtzto gar wenig u. mehrtheils verstorben, (es) sey ihnen unmöglichen die Wach so starckh zu versehen"*. 15. Nov.: *„Dieweilen die Seugt wiederumd bey der Beckerin eingegriffen, alß soll man ihr das Hauß verschlagen u. der Burgerschafft insgemeinst wiederumd untersagen, daß sie alls hereingeschlaicht frembt Gesindtel bey Straff hinaus aus der Statt schaffen sollen."* (Vilsecker Ratsprotokolle, 1634 Bd. 1629/38)

Insgesamt waren 652 Personen die traurige Bilanz in Vilseck, davon starben im Juli allein 128 und im August 144 Einwohner.

Schwer in Mitleidenschaft gezogen wurden die Klöster. In Frauenzell sollen 200 Personen gestorben sein, darunter 5 Benediktinerpatres. Abt Stephan ließ 34 Tote, die man fand, begraben.

Für Regensburg berichten mehrere Chronisten von der Seuche, so schreibt z.B. die Plato-Wildsche Originalchronik:

„1634 Septbr. In diesem Monath nahm das Sterben unter denen hiesigen Inwohnern gewaltig überhand, es grassierten schwehre geizige Krankheiten und endigten sich die vielen anhaltenden Zufälle mit einem rechten Pest. Wurden anfänglichen die Häuser gesperrt, war man endlichen solche von der Menge derer Patienten zu versperren nicht mehr im Stande, musste vielmehr alles gehen lassen.

In dem Monath Octobris Reisse das Uebel noch weit hefftiger ein viele Geistliche und Weltliche wurden hingerafft. Besonders wurden die Aemter und Gerichts-Stuben durch solche anhaltende Seuche dermassen aufgesewert, dass man nothgedrungenerweise in diesem Monath (so vorhin sonsten niemahlen geschehen) die ausgestorbenen Aemter noch besetzen noch auch in dem Rath eine Wahl vornehmen müssen. Zudem legte auch E. E. Rath in diesem Monath denen verstorbenen von ihrer Verlassenschaft eine Tax von 1 Reichsthaler pro 100 fl. auf, wurden derowegen alle inventarien angeschlagen, die hinterlassenen Erben zur Abführung gefordert und dass alles und je-

des in des Verstorbenen Inventar richtig eingekommen seye auf einen körperlichen Eid getrieben".

Eine andere Quelle berichtet:

„In dem Oktober-Monat hat die Pestilentzische Seuche unter hiesigen Einwohnern am heftigsten grassiert, und viele Menschen dahingerissen, dass man genöthigt worden, den öffentlichen Leichen-Conduct miteinander einzustellen, und die Toten ohne Prozession und Gesang in aller Stille zu begraben . . ."

Auch die Schweden verloren viele Soldaten, die sie einfach, da sie dieselben nicht mehr verscharren konnten, von dem gesprengten Joch der Steinernen Brücke in die Donau warfen . . . Pfaffenreuther erwähnt in seinem Manuskript *„dass im selben Jahr von Pfingsten an bis auf den Advent wohl in die 10000 Menschen sowohl einheimische, als fremde gestorben".*

Ein Toten-Buch von 1634 sagt:

„In diesem verlaufenen 1634 Jahr sind zu Regenspurg aus hiesiger Evangel-Gemeine in die 4 Freudhöffe, als Stertzenbach, Capuziner-Garten und Weyh St. Peter und Lazarus begraben worden 2913 Personen, jung und alt, ohne was sonst für inficirte Personen von Catholischer Seits, und was man auf der Gassen todt gefunden, ausgetragen worden."

Raselius schreibt:

„Im Oktober wütete die Pest noch heftiger und stürben Geist- und Weltliche, sonderlich viele Amtspersonen."

Und bei Gumpelzhaimer heißt es:

„Die Folgen des Krieges, ansteckende Krankheiten fingen nun auch hier an und es raffte die Pest, gegen die sogleich Abstalten getroffen waren im Herbst über 2/3 der Bürgerschaft hinweg. Es war eine sonderbare aber einträglichen Speculation, dass man eine Todtenabgabe in diesem Jahre und zwar ein Pret vom Nachlass einführte."

Zu Neujahr 1635 konnte in Regensburg von der Kanzel das Ende der Seuche verkündet werden. Die Schulen wurden wieder eröffnet und öffentliche Begräbnisse durften wieder abgehalten werden. Die Freude war wohl etwas zu früh. Durch die im Lande grassierenden Seuche bedurfte es immer noch besonderer polizeilicher Vorkehrungen, besonders was die Reinlichkeit in der Stadt anging. Nach Gumpelzhaimer soll durch Pest und Krieg die Gesamtzahl der Bevölkerung auf 800 Personen gesunken sein.

In Leonberg zeigte sich in diesem Jahr nochmals die Seuche,

während sie in den meisten anderen Orten der Oberpfalz erloschen war. Doch nun kamen andere Drangsale: eine große Hungersnot und eine verheerende Wolfsplage. In Rudeln von 6 bis 10 Stück griffen sie Hirsche, Ochsen, Pferde, sogar Menschen an. Auch im benachbarten Böhmen war das Elend sehr groß.

In einem Sitzungsbericht der Stadt Amberg vom 9. Januar 1635 wird das Nachlassen der Pest erwähnt, am 5. Februar wird der Kämmerer angewiesen, daß er für die infizierten verstorbenen Personen zur Verhütung mehreren Unheils etliche Maß Kalk zur Erhöhung der Totengräber herbeischaffen lassen solle. Am 3. März wurde eine Anordnung zur Purifikation (Reinigung) der Häuser getroffen und eine „Pestordinanz" bekannt gegeben.

Der mit der Kriegsdirektion für die Oberpfalz betraute Egid Sickenhauser schien sich in der Pestbekämpfung nicht sonderlich hervorgetan zu haben. Bei seiner Amtsenthebung am 28. März 1636 wurde ihm vorgeworfen, er habe bei der „Pestdeduktion" (Bekämpfung) gänzlich versagt, so daß in Amberg fast alle Häuser angesteckt worden seien. Es sei keine Ordnung gehalten worden und *„gleichsam alles über und über gegangen"*. 1636 wurde aus Freystadt gemeldet, daß fast alle gestorben seien, in Nittenau seien es an einem einzigen Tag 29 Personen gewesen.

Die Amberger Regierung beschwerte sich in München über General Wahl, daß er Dr. Pfenholz, durch dessen Nachlässigkeit bei der Pest 1634 etliche 100 Bürger ums Leben gekommen seien, in Schutz genommen habe.

Von 400 Kaiserlichen, die Ende Oktober von Augsburg kamen, erkrankte ein Teil in Deining an der Pest. Sie griff jedoch nicht weiter um sich. Ein an der Pest Verstorbener wurde auf einem Acker bei Weichselstein begraben.

Der sehr strenge Winter 1634/35, Jan van Werth setzte über den gefrorenen Rhein über, trug sicher zum Abklingen der Pest bei, doch starben in Wiesau 1635 von 110 Einwohnern noch 60. In einigen Orten hielt die Seuche ihre Nachlese. So starben in Hemau vom 19. August bis 16. November 1637 im Pfarrsprengel 140 Personen. Im nächsten Jahr wurden noch einzelne Fälle aus Amberg und Weiden gemeldet. 1639 wurde die Seuche wieder aus Böhmen in die Oberpfalz und in Niederbayern eingeschleppt. In Neustadt/Wn. kam zur Einquartierung vom Oktober 1639 bis Januar 1640 der Schwarze Tod. Am 3. Oktober wurde der Ort bannisiert, Verkehr und Handel wurden verboten.

Am 24. Oktober 1639 erging von der herzoglichen Kanzlei in Sulzbach aus an den Bürgermeister und den Rat von Sulzbach ein Schreiben folgenden Inhalts: „*Da in den benachbarten Orten, auch zu Amberg, die böse Seuche bemerkt worden und bei nächsten Sonntag einfallenden Kirchweih die benachbarten Kramer u. a. sich allhie eindringen und so die Stadt gefährden könnten, ist von vormundschaftlicher Herrschaft der Befehl ergangen, der Jahrmarkt sei aufzukündigen und niemand aus infizierten Orten als: Prag, Neustädtlein a. WN., Amberg, in die Stadt zu lassen.*" Schon im März dieses Jahres hatte der Vicedom in Amberg wegen der Seuche Anordnungen erlassen. Im Juni erkrankten einige Personen, darunter zwei Söhne des Bürgermeisters. Als Stadtarzt Dr. Lachner davon Kenntnis erhielt, daß er die Pestkranken behandeln sollte, schloß er sich ein. In Neustadt/Wn. erlosch die Pest im Februar 1640. Tirschenreuth war in jenen Tagen ebenfalls noch ergriffen worden.

Wegen der Pest in Böhmen, besonders in Heiligenberg, Stokkau, Kotten, Frauenreuth, Oberdorf, Birken und Prommershof wurden alle Orte auf bayerischer Seite vom 23. August bis 30. September bannisiert.

Im Jahr 1641 wurden keine Pestfälle mehr gemeldet. Wie sehr Krieg und Seuche gewütet hatten, zeigt das Amberger Ratsbuch von 1642: Unter den Wahlberechtigten gab es keine zehn Personen, die alte Namen trugen. Im September 1645 mußte der Rat von Sulzbach erneut darum bitten, Amberg und Haselmühl wegen einer ausgebrochenen Seuche zu bannisieren, was auch geschah. In der ganzen Pfarrei Eschlkam wurde 1645 eine einzige Ehe geschlossen.

Zum Ende des Dreißigjährigen Krieges zeigte sich die Seuche nochmals in Pfreimd, Vohenstrauß, Regensburg und Cham. 1649 hatte man erneut ein Pestmandat erlassen müssen. 1647 hatte Amberg etwa ein Drittel weniger an Einwohnern, als 1615. Die Bevölkerung Deutschlands soll von ca. 17 Mio. Einwohnern auf ca. 4 Mio. gesunken sein, in Böhmen war nur mehr ein Drittel der ursprünglichen Bevölkerung vorhanden, Bayern soll 80.000 Familien verloren haben. Um 1650 empfanden es die Menschen als große Wohltat Gottes, daß die Seuche ganz nachgelassen hat.

In den nächsten Jahren und Jahrzehnten wurden vereinzelt noch pestähnliche Seuchen gemeldet, die jedoch räumlich begrenzt blieben. So gab am 22. August 1666 der Stadtrat von

Pfreimd bekannt, daß in Neumarkt die leidige Infektion eingerissen sei, jeder Bürger solle sich hüten. Wer trotzdem dorthin reise, würde in Pfreimd nicht mehr eingelassen. Wiederum scheint die Seuche aus dem Böhmischen gekommen zu sein, denn zwischen 1666 und 1668 werden an der Grenze Konfinwachen aufgestellt.

Erneut betroffen war die westliche Oberpfalz von etwa 1673-78. Diese Seuche forderte 1673 in Dietfurt 41 Tote. Im Visitationsprotokoll von 1678 meldete der Pfarrer von Waldkirchen, daß er die Kirchenlehre in Schnufenhofen derzeit nicht halte, wegen der dort herrschenden Seuche. Um die Pest dürfte es sich hier nicht gehandelt haben, aber bedroht wurde die Oberpfalz vor allem ab 1679 durch die Pest in Wien, die auch auf Böhmen übergriff und in Prag allein 80.000 Opfer gekostet haben soll. In Wien sollen es sogar noch mehr Tote gewesen sein. Durch sehr strenge Abwehrmaßnahmen konnte verhindert werden, daß die Seuche auf die Oberpfalz übergriff. An der Grenze wurde in der Nähe von Eslarn ein eigenes Gebäude errichtet. Dort wurden Wächter postiert. Später wurde dieses „Confinhaus" des „beigezogenen und aufgehaltenen liederichen Gesinds" wegen wieder abgebrochen. Im September 1679 berichtete der Waldsassener Kastner Braunschober, *„das vonn Churfstl. Hochlöbl. Regierung Amberg wegen der zu Wien und Presburg grassirenten Contagion bereits vor 14 tagen die confinwachten in hießigen Stüfft widerumb aufzustellen gnedigst verordtnet worden"*. Man hegte große Befürchtungen, diese Krankheiten könnten in die Oberpfalz eingeschleppt werden. Der Superior des Klosters schickte deshalb eifrig Kundschafter wegen dieser „contagion" nach Böhmen, die feststellten, daß sie schon bis Prag vorgedrungen war. Deshalb wurden die Wachen auch verstärkt und von Herrn von Haller, churfürstl. Pfleger zu Rieden, visitiert. Zu Hundsbach wurde ein Schlagbaum und eine Schildwache neu errichtet. Insgesamt wurden 4 Haupt- und 12 Nebenwächter aufgestellt, die Tag und Nacht die Grenzübergänge nach Böhmen auf angesteckte Personen kontrollieren sollten. Sie waren stationiert in Waldsassen, Hundsbach, Neualbenreuth und Mähring.

Als Anfang 1680 die Nachricht, daß in Böhmen die Pest ausgebrochen sei, an die Regierung kam, erging am 14. Januar der Befehl: Sofort solle eine Tag und Nacht reitende Stafette mit dem Befehl abgeschickt werden, daß die Gehölze aufs beste *„verhaut"* und solche Gräben und Gruben aufgeworfen werden, daß ein gefährliches Hereinschleichen nicht zu befürchten und die aus Böhmen ankommenden Personen und Waren *„unfehlbar"* ihren Weg auf der rechten Landstraße nehmen müssen. Sollten die an die Grenze geschickten Soldaten nicht reichen, so wird Fußvolk nachgeschickt werden. Man versuchte also die Gefahr mit gesperrten Wäldern und militärisch besetzten Schanzen abzuwenden.

Wie schon erwähnt, pilgerten während dieser Seuche Wiener Bürger zum hl. Jodok nach Tännesberg. Als sie dort ankamen, erfuhren sie, daß in ihrer Heimat die Seuche aufgehört hatte.

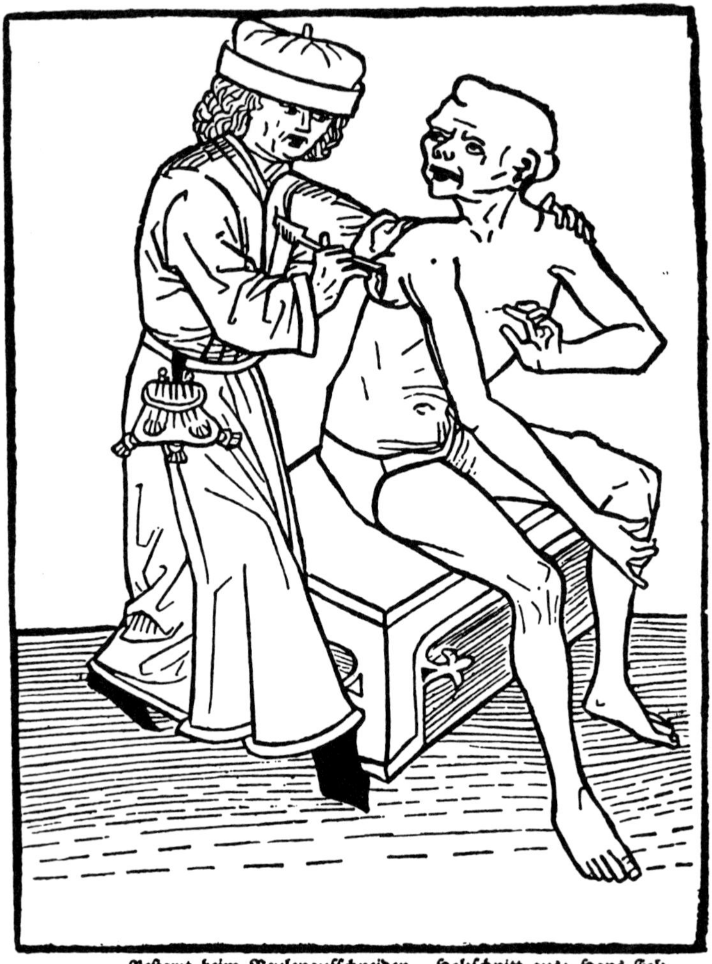

Pestarzt beim Beulenaufschneiden. Holzschnitt aus: Hans Folz, Spruch von der Pestilenz. Nürnberg 1482.

„ . . . die Contagiose Seuche in die Stadt gezettelt"

Die letzten Pestfälle in der Oberpfalz

In der Oberpfalz trat die Pest zum letzten Male im Jahre 1713 auf. Die Informationen darüber sind sehr ausführlich. Die Seuche ging dieses Mal von Regensburg aus. Sehr anschaulich schildert der Zeitgenosse Buzinger den Vorgang:

„Man wusste, dass einiges zu Wien ausgeschafftes Juden-Gesind zu Wasser heraufreisete, welches unter Wegs keinen Fuss auffs Land setzen durffte, und demnach lebte man alhier in der grössesten Sicherheit, ohne dass man nach dem Exempel anderer die erforderliche Vorsichtigkeit unter denen Thoren vorgekehrt hätte, sondern gestattete vielmehr, dass erstgedachtes inficiertes Juden Geschmeiss, welches dem Vernehmen nach Todte mit sich geführet, mit 2 oder 3 Schiffen im Unteren Wörth anländen, und einiges davon nicht nur in die Stadt gehen, sondern auch etliche gemeine Weibs-Personen Ihnen ihre Wäsche waschen, Brandwein und anderes zutragen durfften, als womit die Contagiose Seuche in die Stadt gezettelt wurde, welche sich gleich anfangs July hie und da äusserte, und denen Leuthe so von dem Malo angefallen wurden, in kurzer Zeit den Garaus machte, anfänglich bekamen sie entsetzliche Kopfschmerzen, wovon sie fast Sinnlos wurden, nachgehends äusserten sich unter denen Armen und in der Reihe bei der Scham rote Beulen, wie ein Ey gross und in 12. 15. 20 bis höchstens 24 Stunden war es aus mit ihnen. Hierbey wurde ich bey verschiedenen Inspektionen, die ich mit den Chirurgis vornehmen und davon schriftlich referieren musste zwar als eine verlohren Schildwache ausgestellt, allein Gott behütete mich doch. Nachgehends musste ich mit dem Reichsmarschallischen Cancellisten, Walter, und Abgeordneten von denen Stifftern Ober- und Niedermunster, wie auch St. Emmeram, die ihre Häuser visitiren, über den Befund der Krancken das Protocoll führen und alle Abend dem Chur Mainzischen Herrn Gesandten insinuiren, welcher dasselbe sofort diktiren liess, als aber das Uebel immer mehr und mehr unter dem Pöbel einriss, und umb sich griff war der hochlöbliche Reichs-Convent auf seine Retirade bedacht und ob es gleich ratione loci anfänglich gleich viel dissentirens gab, so wurde er doch bald einig, fassete den 23ten Augusti den Schluss dahin ab, das Regensburg zwar Locus Comitiorum bleiben solle, allein inzwischen

und solange die Contagion daselbst anhalten und nicht vollkommen cessirt haben würde, wolle sich derselbe nach des h. Reichs-Stadt begeben. Hierauff machte sich alles, was davon dependirt zur Reise fertig." Unterwegs starb bereits der chur-hannoverische Gesandte v. Schrader, und wurde in der Kutsche nach Regensburg von seinem Diener zurückgefahren und auf dem Dreifaltigkeitsfriedhof beerdigt. Weiter schreibt Buzinger:

„... Im Septembris werden die Schulen eingestellt und begunte der Tod die Menschen viel hefftiger als in denen vergangenen 2 Monathen hinzuraffen, wie sich dann die tägliche Zahl derselben ohne die Kranken von 20 bis auff 47 vermehrte, wodurch absonderlich das Weibs-Volk so dünn wurde, dass man keine Wärterin mehr haben konnte, dahero ein Wohledl-Magistrat sich gemüssigt befand 40 bis 50 von Ulm kommen zu lassen. Ich kann den Jammer nicht genug exprimiren, denn anstatt der Gesandschaftlichen schön ausgeschmückten Gutschen sah man dann Todten „einem Rüstwagen gleichend" voller Todten liegend auff der seite forn und hinten ein weiss Creutz habend, bey hellen lichten Tag fahren, und hie und da eine mit schwarzer Leinwant überzogenen Sänffte, worinnen die Kranck Personen sassen vielfältig nach dem Pestinhause tragen.

Das aller Gräulichste war, dass man einen Wagen verferttiget hatte, der so rumperlte, als wenn Zwey Trommel gerühret würden, auff welchen man des Nachts die Todten auff den neuen Freydhoff nach St. Lazarus schlepte, ob nun gleich die Straffe Gottes und die Todesgefahr sehr gross, so war die Bosheit der Menschen doch noch viel grösser, denn im Pestinhause wurde unter denen so wider etwas gesund und an gehabten Beulen curirt worden waren viel Hurerey getrieben.

Den 13. Octobris resolvirte ein Wohl Edler Magistrat den Gottesdienst in allen dreyen Evangelischen Kirchen solchergestalt zu restringiren, dass ausser des Sonntags in der Woche keine Predigt mehr am Dienstag Nachmittags umb 2 Uhr aber nur allein eine Bettstunde gehalten werden solle, welche Resolution und die Bewegursachen der Gemeinen den 15ten ejusdem von den Cantzeln Kund gemacht wurde. In diesem Monath trieb es der Tod auffs höchste und stieg die Zahl der täglichen Todten von 47 bis auff 58, womit der griemige Feind seinen Pfeil sinken liess, und nahm die Zahl der Todten fast von Tag zu Tag ab.

Jm Monath Novembris fing man die Häuser zu säubern an ... und die Krankheiten liessen von Tag zu Tag solcher Gestalt nach, dass man dem Allmächtigen Gott den 24ten Decembris nicht allein vermittelst des Hymni Ambrosiani zu dancken – sondern auch den 13ten Octobris restringirten Gottes-Dienst wieder auff den alten Fuss zu setzen Ursach hatte, diejenige aber, so etwa annoch mit dem leidigen Malo behafftet wären, wurden aus der Gemeine und öffentlichen Zusammen Künften, bis zur völligen Genesung, zu bleiben, von denen Cantzeln ernstlich vermahnet und das solenne Danckfest bis zur Eröffnung der Thore reservirt. Anno 1714. Mit Antritt dieses Jahres wusste man unter denen Evangelischen von der ansteckenden Krankheit nichts mehr, aber unter denen Catholischen dauerte Sie länger; Endlich ertheilte einem Wohl Edlen Magistrat ein Capuziner Priester ein Attestatum, dass dem 15ten February c. a. die letzte Person an dem Malo Contagioso erkranckter mit dem h. Sakrament providirt worden wäre, und damit hatte die leidige Seuche Gottlob! völlig aufgehört.

Was sonsten die vorgeweste Contagion überhaupt betrifft, so habe ich, indem die Luft rein war, dabei besonders observiert, dass sie partout die gemeine Bürgerschaft, über die Massen erschrockene, forchtsame Leute und den gemeinen Poebel fast allein betroffen, wie dann wenig Personen von Distinction, ausser 8 Evangelische Geistliche, die Rathherrlich Widerische ganze Familie, Herr Consulent Kranvöst, Herr Syndicus Glätzel, und einig reiche Frauen, welche ohne des bey Jahren waren, daran gestorben sind. Dahingegen hat sie sich bey dem catholischen Clero dergestalt eingehängt, dass die Capuziner und Reformaten Clöster 2 mahl/ andere aber mehrenteils ausgestorben seyn sollen. Den 8ten April hat man vermittelst Absingung des Ambrosianischen Lob-Gesangs, Gott dem Allmächtigen, vor die cessirte Contagion in allen dreyen Evangelischen Kirchen herzlich gedanket.

Die Bürgerschafften zu Stadt am Hoff nebst der am Regen und Steinweg aber machten ihre Dankbarkeit sichtbar und fingen der hl. Dreyfaltigkeit zu Ehren, auff dem sogenannten Geyersberge eine Kirche zu bauen an und gaben Jhr und dem Berge den Nahmen. Den 23ten April sind die Schulen wider in vorigen frequentirungs-Zustand gesetzt und den 3ten May alle Thore nach 8 Monatlicher Clausur eröffnet und Handel und Wandel plenarie hergestellt worden. Den 6ten May wurde ein allgemeines solennes Dankfest abgehalten.“

Flüchtende Regensburger Bürger verbreiteten die Seuche über die südliche Oberpfalz. Daß die Pest in diesem Jahr bis nach

Amberg gekommen wäre, stimmt nicht. Nach den Matrikeln liegt die Todesrate in den Jahren 1713/14 nicht deutlich höher als in den anderen Jahren. Bereits in der ersten Julihälfte soll die Pest Cham erreicht haben, ein Drittel der Bevölkerung soll umgekommen sein. Diese Zahl berichtet Lukas in seiner Stadtchronik von 1861. Schon Anfang November soll in Cham die Seuche wieder aufgehört haben. Zwei Monate nach dem Auftreten der Seuche in Regensburg wurde am 31.8.1713 für die gesamte Oberpfalz ein Bannisierungsedikt erlassen. Die Angst war überall sehr groß.

In Falkenstein hatte der Schulmeister nach einer heftigen Krankheit, die nur zwei Tage währte, das Zeitliche gesegnet. Regenpeilstein war von der tückischen Seuche besonders stark heimgesucht worden. Als man meinte, die Zahl der Erkrankungen würde geringer, flammte die Pest erneut auf. Ein junger Mann aus Triftersberg bei Obertrübenbach, der an einem Abend in Regenpeilstein war, starb bereits in der selben Nacht auf dem Nachhauseweg. So wie man ihn fand, verscharrte man ihn im nächsten Wald. Weil es allgemein so angeordnet war, verbrannte man sogar sein Bett.

Auch in Wiesenfelden brandete nach einer kurzen Verschnaufpause die Seuche wieder auf. Der Tod klopfte dort an die Türe der Gutsherrschaft. Im sonst so regsamen Markt Roding ließ die nackte Angst alles laute Treiben verstummen. Die Bürger gelobten, zu Ehren des hl. Sebastian eine Kapelle zu erbauen.

Der Bader von Schorndorf hatte in jenen Tagen der allgemeinen Furcht einen siechen Mann besucht, der bald darauf an der Pest verschied. Auf vier Wochen versperrte man deshalb das Badhaus. Die Badersfrau, frühere Köchin im Pfarrhof in Michelsneukirchen, verließ fluchtartig den Herd und den Gatten. Ihr ehemaliger Dienstherr, Pfarrer Johann Poffler, nahm sie auf. Aus Sorge um den Gemahl eilte jedoch die junge Frau täglich durch den Wald. Heimlich brachte sie dem Bader Speise und Trank.

Solches Tun wurde entdeckt und weckte das Mißtrauen der Michelsneukirchner und der Herrn Pflegers. Wochenlang wachte man scharf darüber, daß niemand aus dem Pfarrhof den Weg nach Schorndorf einschlug. Hätte es jemand gewagt, den unter Quarantäne stehenden Bader aufzusuchen, so wäre er in Michelsneukirchen nicht mehr in das Dorf eingelassen worden. Glücklicherweise blieb die Pfarrei Michelsneukirchen in diesem Jahr von der Pest verschont. Wie die Kirchenbücher beweisen, stiegen die Sterbefälle in der Pfarrei im Jahre 1713 nicht überdurchschnittlich an.

In Regenstauf gab es einen Pesttoten, Velburg, Burglengenfeld und Neunburg ergriffen Maßnahmen. In Hemau, wo 1710 schon der Typhus gewütet hatte, breitet sich die Pest noch weiter aus, im nahen Mungenhofen starb fast die ganze Bevölkerung aus. Die Hemauer Bürgerschaft stiftete eine Statue des hl. Sebastian, Regenstauf legt ein Gelübde ab und baut eine Kapelle. In Zielheim bei Schwandorf wird aus Dankbarkeit vor der Verschonung durch die Pest bei der Langen Meile durch die Familie Spiering von Fronberg ebenfalls eine Kapelle erbaut.

1714 erbaute man die Kirche in Hochdorf. An der Südwand findet sich der Gedenkstein des Erbauers Johann Wilhelm Teuffel, darunter steht folgende Inschrift:

„Ao 1714. Ist dise Kirch von uns fundiert und gebaut worden, wegen Abwendung der peest, so 3/4 Jahr gedauert, und Hochdorff gesperet gewesen, viele gestorben.“

Diese Kirche ist also eine echte Pestkirche, natürlich St. Sebastian geweiht. An der Decke prangt der Kirchenpatron, umgeben von den 14 Nothelfern.

Nur 9 Personen überlebten damals in dem etwa 50 Häuser zählenden Dorf, berichtet die Sage. In zwei Massengräbern begrub man die Toten. Am Ortseingang steht heute noch ein Holzkreuz mit einer Blumenanlage auf einem dieser Gräber, auf das andere weist ein Gedenkstein zwischen Wischenhofen und Hochdorf. Die Überlebenden gelobten eine Wallfahrt. Je drei Männer des Ortes wallfahrten jährlich am Dreifaltigkeitssonntag zu je drei Wallfahrtsorten, die der hl. Dreifaltigkeit geweiht sind: Eichlberg, Miesberg und Schmidmühlen. Früher ging man diese Strecke zu Fuß. Nach dem Eichlberg und nach Schmidmühlen dauert die Wallfahrt 5 Stunden, nach dem Miesberg aber 9 Stunden. Nach den ersteren beiden Orten brach man um 3 Uhr früh auf. Zum Miesberg nach Schwarzenfeld aber marschierte man schon einen Tag vorher los. 9 Rosenkränze waren jeweils versprochen, einer betete vor, die anderen beteten nach. Die drei auf der großen Wallfahrt durften dazwischen Brotzeit machen. Wenn man gegen Abend auf dem Miesberg ankam, ging man zum Beichten und legte sich in dem angestammten Quartier zur Ruhe. Die Wallfahrt ist auch heute noch üblich, man geht jedoch nicht mehr zu Fuß, sondern benutzt das Auto. Rosenkranz und der Empfang der Sakramente sind noch üblich. Familienangehörige fahren manchmal mit. In der Reihenfolge der Hausnummern kommt jede Familie dran. Das Fest des hl. Sebastian ist auf den nächsten Sonntag verlegt und wird mit einem Festgottesdienst begangen. Zahlreiche ehemalige Hochdorfer finden sich zu diesem Festtag in der alten Heimat ein.

Dies waren die letzten Pestjahre in der Oberpfalz, auch wenn die Seuche in den Nachbarländern immer wieder auftrat und man jedes Mal sorgenvoll über die Grenzen schaute. Die Pest forderte zwar keine Opfer mehr, doch gab es genügend andere Seuchen, denen man Tribut zu zollen hatte. So berichtet das Beilngrieser Wochenblatt am 1. Februar 1879: *„Wie uns die Zeitungen berichten, soll die Pest in einem Gouvernement Rußlands ausgebrochen sein; möge es den energischen Maßregeln, welche die deutsche und die österreichische Regierung treffen, gelingen, diese fürchterliche Geißel von uns ferne zu halten.“*

Und am 1. März heißt es:

„Wie groß in Rußland die Furcht vor der Pest ist, beweist folgende, der Petersburger „Rußkaja Prawda“ („Rußische Wahrheit“) mitgetheilte Thatsache: Am 18. ds. Mts. kam in der Warschauer Vorstadt Praga ein Eisenbahnzug mit Waaren aus dem Gouvernement Astrachan als Fischen, Caviar, Salben, Pelzen und dergleichen an. Kaum hatten dies die Bewohner Pragas und des übrigen Warschau erfahren, als sie sich mit Waffen, Stöcken, Beilen u. dgl. versahen, zu dem Pragaer Bahnhof eilten und daselbst einen solchen Krawall provozirten, daß der Stations-Chef sich gezwungen sah, den ganzen Bahnzug auf der Terespoler Eisenbahn wieder zurückfahren zu lassen“.

Bis zu heutigen Tag ist jedoch die Pest in den Schlagzeilen, wenn es z.B. in der folgenden Meldung vom 23.05.90/24.05.90 in der Mittelbayerischen Zeitung heißt:

WHO: Die Pest wieder auf dem Vormarsch

Genf. Die Weltgesundheitsorganisation (WHO) warnte in Genf, daß die Pest wieder auf dem Vormarsch sei. Weltweit seien bereits Tausende von Menschen in Nord- und Südamerika, Afrika und Asien mit dem Pesterreger infiziert, der durch den Biß des Rattenflohs übertragen werde. Allein in Madagaskar hat den WHO-Angaben zufolge der „Schwarze Tod“ seit Jahresbeginn 25 Menschen ereilt. 300 Bewohner der Insel sollen an der Pest erkrankt sein. Weitere Pest-Herde sind laut WHO in den USA, Brasilien, China, Vietnam, Tansania, Zaire und der Sowjetunion. Die WHO wies weiter darauf hin, daß Touristen relativ selten von der ansteigenden Pestepidemie betroffen seien, zumal die bei der Krankheit entstehenden

Pestbeulen nicht ansteckend seien. Touristen sollten aber in den genannten Ländern jeden Kontakt zu Tieren, insbesondere Nagetieren meiden. Die Tropenexperten der WHO warnten auch vor Tropenreisen ohne entsprechende Impfungen.

Und in der Regionalzeitung „Der Neue Tag" war am 21.07.1990 folgende Meldung zu lesen:

Moskau. In der mittelasiatischen Sowjetrepublik Kasachstan ist ein 27jähriger Arbeiter an Pest erkrankt und gestorben. „Ohne entscheidende und schnelle Maßnahmen ist eine Pestepidemie in Mittelasien nicht ausgeschlossen", erklärte der Leiter der Seuchenambulanz von Taschkent, I. Achmedow, der Zeitung des Jugendverbands, „Komsomolskaja Prawda". Nach Achmedows Angaben wurden entlang einer Bahnlinie, die die mittelasiatischen Sowjetrepubliken Kasachstan, Usbekistan und Turkmenien verbindet, an mehreren Bahnstationen Ratten entdeckt, die Träger des Pesterregers waren. In Usbekistan seien die Siedlungen Uschkuduk, Karakul, Karaul Basar und die 220 000 Einwohner zählende Stadt Buchara betroffen.

Nach jüngsten Meldungen (MZ vom 6. September und vom 18. September 1990) starben im Armenviertel von Nairobi drei Mühlenarbeiter an der Beulenpest und in der Sowjetunion wurde über die Stadt Aralsk die Quarantäne verhängt, nachdem an zwei Personen Krankheitssymptome der Pest festgestellt worden waren; eine der Personen verschied an der Seuche. An den Zufahrten zur Stadt sind Sanitätsposten eingerichtet worden, 237 Kontaktpersonen wurden auf Krankenstationen eingewiesen.

Zeittafel zur Pest

–1070	Pest der Philister
–700	185 000 tote Soldaten der Assyrer durch Pest im Feldzug gegen Ägypten
–430	Attische Pest
542-594	Justinianische Pest: Die Hälfte der Bewohner des byzantinischen Reichs fällt der Seuche zum Opfer
680	Beginn der Sebastiansverehrung in Rom
892	„Große Pestilenz“ in Regensburg
1092	Sterben während des Reichstages in Regensburg
1094	Seuchenjahr in der gesamten Oberpfalz. In Regensburg sollen in 3 Monaten 8 500 Personen gestorben sein
1311/12	„Landsterb“ in ganz Bayern
1349-51	„Der Schwarze Tod breitet sich über ganz Europa aus. Etwa 25 Mio. Tote. Teile der Oberpfalz bleiben verschont
1371-1380	Mehrere Pestjahre in der Oberpfalz
1412	Erste Regensburger Pestordnung
1436-1439	Tausende von Pesttoten in Nürnberg, auch die Oberpfalz ist betroffen
1462	6 300 Opfer in Regensburg
1482-84	Pest in Amberg
1503	Pestinhaus in Regensburg erbaut
1520/21	Wallfahrten zur Schönen Maria in Regensburg
1529-33	Seuchenopfer in mehreren Städten der Oberpfalz
1543	Holbein stirbt in London an der Pest
1541/42	Pesttote in der nördlichen Oberpfalz. Die Residenz wird von Amberg nach Neumarkt verlegt
1562	Pest in Floß
1575	Pest in Schwandorf und Velburg
1576	Tizian stirbt in Venedig an der Pest
1582-86	Der Schwarze Tod kommt aus Böhmen und greift auf die ganze Oberpfalz über
1590-1607	Mehrere Pestjahre in der Oberpfalz
1625-28	30 000 Pesttote in Karlsbad, Tote in vielen Orten der Oberpfalz

1634	Das schlimmste Pestjahr in der Geschichte der Oberpfalz, Beginn der Oberammergauer Passionsspiele
1639	Erneut Seuchenfälle in Amberg, Neustadt/WN. u. a. Orten
1649	Pest in Pfreimd, Vohenstrauß, Regensburg, Cham. Die Seuche wird in Amerika eingeschleppt, erlischt aber schnell
1657	Athanasius Kircher versucht den Pesterreger durch Übertragung von einer Menschenleiche auf einen Hund zu finden
1679-1681	Zehntausende von Pesttoten in Wien und Prag
1713-1714	Letzte Pestfälle in der Oberpfalz, mehrere tausend Tote in Regensburg
1720	Pest in Marseille mit fast 40 000 Opfern
1730	Die braune Wanderratte erscheint in England. Ende der tiergebundenen Pest in Europa
1894	Erneute Pestwelle von der Mongolei aus. Alexandre Yersin entdeckt den Pesterreger
1897	Einführung der Schutzimpfung
1899	Die Pest erreicht Südamerika
1900	Pest in San Francisco, Pest in Kapstadt
1910-1911	Pest in der Mandschurei und Nordchina mit insgesamt 60 000 Toten
1911-1937	Pest in Java mit über 200 000 gemeldeten Toten
1917-1918	Pest in China mit 16 000 Toten
1920-1921	Pestfälle in Transbaikalien mit 9 000 Toten
1945-1946	Pestfälle in Ägypten
1987	Pestepidemie in Nordost-Brasilien. In Südamerika treten jährlich ca. 200 Pestfälle auf
1990	25 Tote in Madagaskar, 300 Personen sind infiziert; Pestherde in den USA, Brasilien, China, Vietnam, Tansania, Zaire und in der Sowjetrepubliken Kasachstan, Usbekistan, Turkmenien. Pesttote in Nairobi und Aralsk (Kasachstan).

Allgemeine Literatur über die Pest – Medizin der Pest

Aries, Philippe: Geschichte des Todes. 1982
Biraben, Jean-Noel: Les hommes et la peste en France et dans les pays europeens et mediterraneens. Bd. 1-2. 1975-1976
Brede, H. D.: Pest in: Forum Mikrobiologie 11 (1988) H. 4 S. 127 ff
Cavanaugh, Dan, C.: Specific Effect of Temperature upon Transmission of the Plague Bacillus by the oriental Rat Flea Xenopsylla Cheopis in: The American Journal of tropical Medicine and Hygiene Vol 20 (1971) Nr. 2 S. 264 ff
Defoe, Daniel: Ein Bericht vom Pestjahr. 1987
Ell, Stephen, R. : Some Evidence of interhuman Transmission of medieval Plague in: Review of infectious Diseases Vol 1 (1979), Nr. 3
Graus, Frantisek: Pest, Geissler, Judenmorde. 1987
Hartinger, Walter/ Helm, Winfried: Die laidige Sucht der Pestilentz. 1987
Hoeniger, Robert: Der Schwarze Tod in Deutschland. Nachdruck 1973
Kolmer, Lothar: Leben und Sterben – der Tod im Spätmittelalter und der frühen Neuzeit. Manuskript der Sendung des Bayerischen Rundfunks vom 22.11.1987
Lammert, Gottfried: Gechichte der Seuchen, Hungers- und Kriegsnoth zur Zeit des Dreißigjährigen Kriegs. Nachdruck 1971
Lechner, Karl: Das große Sterben in Deutschland in den Jahren 1348-1351. 1884
Meffert, Franz: Caritas und Volksepidemien. 1925
Mensch und Umwelt im Mittelalter. 3. Auflage. 1987
Michel, Karl M.: Die Pest in der Stadt in: Die Zeit Nr. 25 vom 12. Juni 1987
Mollaret, Henri H./Brossolet, Jaqueline: Alexandre Yersin. 1987
Mollat, Michel: Die Armen im Mittelalter. 1984
Nohl, Johannes: Der Schwarze Tod. 1924
Ruffie, Jaques/Sournia, Jean: Die Seuchen in der Geschichte der Menschheit. 1987
Sancta Clara, Abraham: Mercks Wien. Nachdruck 1983
Stickler, Georg: Abhandlungen aus der Seuchengeschichte und Seuchenlehre: Die Pest. Bd. 1-2, 1908-1910
Vasold, Manfred: Insekten machen Weltgeschichte in: Gehörtgelesen 37 (1990) H. 4 S. 70 ff
Zaddach, Bernd I.: Die Folgen des Schwarzen Todes (1347-1351) für den Klerus Mitteleuropas. 1971
Eine Zeit großer Traurigkeit. 1987

Religiöse und volkskundliche Aspekte der Pest

Andree, R.: Votive und Weihegaben des katholischen Volkes in Süddeutschland. 1905
Andree-Eysn, M.: Volkskundliches aus dem bayerisch-österreichischen Alpengebiet. 1910
Atlas zur Kirchengeschichte. 1970
Bauer, J.: Das Pestkreuz von Dalking in: Der Regenkreis H. 2, 1965
Bauer, Josef: Pestsage aus Wendersreuth in: Die Oberpfalz 19, 1925
Bauernfeind, W.: Aus dem Volksleben. Nachdr. 1979
Beitl, R.: Wörterbuch der deutschen Volkskunde. 3. Aufl. 1985
Bengler, A.: 275 Jahre Sebastianskirche Burglengenfeld. 1988
Benker, G.: Christophorus. 1975
Böhm, L.: In Pest und Todtsgefahr, o heiliger Sebastian, nimm dich unser aller an. 1989
Böck, Emmi: Regensburger Stadtsagen, Legenden und Mirakel. 1982
Böck, Emmi: Sagen aus der Oberpfalz. 1986
Böck, Emmi: Sitzweil. 1987
Buchner, F. X.: Archivinventare der katholischen Pfarreien in der Diözese Eichstätt 1918
Buchner, F. X.: Beiträge zur Eichstätter Bistumsgeschichte. Bd. 2. 1929
Buchner, F. X.: Das Bistum Eichstätt. Bd. 1-2. 1937-1938
Busl, F./Hummer, W.: Gloria Dei. 1979
Dausch, E. Die Sagen von Nabburg und Umgebung. 2.Auflage 1981
Gebert, B.: Die Pestvögel in: Die Oberpfalz 42, 1954, S. 147
Gebhard, R.: Zur Geschichte des Wallfahrtswesens in der Oberpfalz in: VHVO 112, 1972 S. 311-324
Geissler, K.: Die Juden in Deutschland und Bayern bis zur Mitte des 14. Jahrhunderts. 1976
Geißler und Kreuzschleipfer in Hohenburg in: Die Oberpfalz 2, 1908 S. 58
Götschmann, D.: Die Juden in Amberg während des Mittelalters in: Amberg 1034-1984. 1984, S. 91-107
Handwörterbuch des deutschen Aberglaubens. Nachdr. 1987
Hartinger, W.: ...denen Gott genad. 1979
Hausberger, K.: Der hl. Karl Borromäus in BGBR 18, 1984
Heidingsfelder: Die Regesten der Bischöfe von Eichstätt. 1938
Heitzer, Max: Haibühl St. Wolfgang in : Beiträge zur Geschichte im Landkreis Cham 3 (1986) S. 179 ff
Hindringer, R.: Geißler in: Lexikon für Theologie und Kirche. 1932
Das Hochdorfer Gelübde in: Die Oberpfalz 52 (1958) S. 152 f.
Hofbauer, J. :Ostbayern. 1980
Jehl, A.: Rund um den Jugenberg. 1955
Jehl, A.: Zwischen Haus Murach und dem Fahrenberg. 1959
Kaiser, G.: Der tanzende Tod in: Spektrum der Wissenschaft Okt. 1984 S. 134-145
Keck, K.: Die Erbauung der Eschenbacher Mariahilfkapelle in: Eschenbacher Heimat 1979 S. 17 ff
Keck, K.: Die Eschenbacher Bergkirche in: Eschenbacher Heimat 1978 S. 7 ff
Kirchhoff, H.: Der Wondreber Totentanz. 1976
Kisselbach, D.: Mariahilfberg (Amberg) in: Unbekanntes Bayern 4. 1980
Kleinschmidt, B.: Die heilige Anna. 1930

Kraus, J.: Zur Geschichte des Kirche in Geigant in: Der Regenkreis H. 5/6, 1967 S. 147 ff
Kraus, S.: Pestsäulen um Hirschau in: Oberpfälzer Heimat 15, 1971 S. 127 ff
Krettner, J. Erster Katalog der Bruderschaften in Bayern. 1980
Kriss, R.: Volkskundliches aus altbayerischen Gnadenstätten. 1930
Kunstdenkmäler von Bayern, Abteilung II: Oberpfalz
Laßleben, J. B.: Durch das Tal der Schwarzen Laaber in: Die Oberpfalz 15 (1920) S. 66
Laßleben, J. B.: Streifzüge durch den Westermanngau in: Die Oberpfalz 22 (1928) S. 121
Lehner J. B.: Wallfahrten im Bistum Regensburg in: 1200 Jahre Bistum Regensburg. 1939 S. 216-222
Leskoschek, F.: Sebastianspfeil und Sebastiansminne in: Kunst und Kultur. 1954
Lexikon der deutschen Heiligen. Hrsg.: J. Torsy. 1959
Lexikon des Mittelalters. 1980 ff
Lexikon für Theologie und Kirche. 2. Aufl. 1930 ff
Liebl, E.: Studien zum Wallfahrtswesen der Diözese Regensburg. 1950
Das Martyrologium des Nürnberger Memorbuches. 1898
Mai, P.: Aus der Kirchengeschichte von Regenstauf in: Der Regenkreis H. 3/4, 1970 S. 57 ff
Mann, H. J.: Die barocken Totenbruderschaften in ZLBG 1976
Mindera, K.: Maria Hilf. 1961
Mohr, G.: Lexikon der Symbole. 4. Auflage. 1976
Münsterer, O.: Amulettkreuze und Kreuzamulette. 1983
Mummenhoff, E.: Die Juden in Nürnberg bis zu ihrer Austreibung i. J. 1499 in: Gesammelte Aufsätze und Vorträge Bd. 1, 1939
Pfarrkirche St. Georg in Amberg in: Oberpfälzer Jura Nr. 12, 1956
Pestvogel in: Die Oberpfalz 13 (1919) S. 34
Rappel, J.: Für d'Sitzweil. 1955
Rappel, J.: Kirchenbücher und Heimatkunde in: Die Oberpfalz (1937)
Regensburger Bistumsblatt Nr. 17/1934; 48/1934; 21/1954; 21/1956; 44/1974; 23/1976; 19/1977; 32/1977; 27/1984;28/1987
Regler R.: Amberg und seine jüdische Gemeinde in: Amberger Zeitung vom 3.6.1965
Rosenfeld, H.F.: Der heilige Christophorus. 1937
Rosenfeld, H. F.: Der mittelalterliche Totentanz. 4. Auflage. 1974
Schad: Der Pfeiffer-Jahrtag in Töging in: Die Oberpfalz 9, 1915 und 15, 1921
Schmid A.: Die Judenpolitik der Reichsstadt Regensburg im Jahre 1349 in ZLBG 43 (1980) S. 589-612
Schmid, O.: Aus der Anfangszeit der Wallfahrtskirche Maria Hilf in Amberg in: VHVO 104 (1963)
Schmid, O. Vom Sebastianswein in: Oberpfälzer Heimat 18 (1974)
Schönwerth, F. X.: Aus der Oberpfalz Bd. 3. 1869
Schwarz, S.: Die Juden in Bayern im Wandel der Zeit. 1973
Schwarzfischer, K.: Der Rodinger Totentanz in: Rodinger Heimat 3 (1986) S. 5-15
Spörer, F.: Alte religiöse Bräuche im Landkreis Parsberg i. d. OPf. in: Bayerland
Spörer, F.: Schutzpatrone in: Die Oberpfalz 59 (1956) S. 18 f
Stammler, W.: Der Totentanz. 1948
Stein, F.: Gesundheit aus Glauben und Natur. 1987
Steinbauer, H.: Die Wallfahrtskirche auf dem Kreuzberg (Schwandorf). 1970
Trier, J.: Der heilige Jodokus. 1924
Unter deinen Schutz fliehen wir in: Oberpfälzer Jura Nr. 10, 1954
Urkunden und Aktenstücke zur Geschichte der Juden in Regensburg 1453-1738. 1960
Utz, H. J.: Wallfahrten im Bistum Regensburg. 1981
Volkert, W.: Die Juden in der Oberpfalz im 14. Jahrhundert in: ZLBG 30 (1967) S. 161-199
Wallfahrten durchs deutsche Land. 1928
Wallfahrtswesen und Heimatpflege. 1985
Winkler, K.: Oberpfälzer Heimatbuch. 2. Auflage. 1950
Zeller, M. Rochus. 1989

Literatur zur Pest in der Oberpfalz (Chronologie, Maßnahmen)

Ammon, H.: Sanitäre Maßnahmen im Jahre 1591 in: Der Heimaterzähler 20, 1969 Nr. 6
Andräas, K.: Beiträge zur Geschichte des Seuchen-, Gesundheits- und Medizinalwesens der oberen Pfalz in: VHVO 52, 1900 S. 80-285
Bartels, K.H.: Die Amberger Medizinalgesetzgebung und ihr Vorbild in: Pharmazeutische Zeitung Nr. 40 vom 8. Okt. 1970
Batzl, H.: Geschichte der Stadt Hirschau. 1968
Batzl, H.: Geschichte des Marktes Hahnbach 1971
Bauer, K.: Regensburg, 1970
Bayerisches Städtebuch Teil 2 1974
Bär, L.: Die Pest in Floß in: Die Oberpfalz 21, 1927 S. 14ff; S. 29 ff
Bäumler, G.: Medizinstatistische Untersuchungen über Weiden/OPf. von 1551-1800 in: Archiv für Hygiene 120, 1938 S. 14 ff
Benl, H.: Die Pfarrei Wiefeldorf in VHVO 63 (1911) S. 39-280
Brandl, L.: Das Gesundheitswesen in der Oberpfalz von den Römern ins ausgehende Mittelalter in: Der Heimaterzähler 19 (1968) Nr. 1-17
Brandl, L.: Heimat Burglengenfeld. 1968
Brunner, J.: Geschichte der Stadt Tirschenreuth. 1933
Busl, A./Fähnrich H.: Pfarrei Beidl. 1977

Busl, A./Steinberger W.: Chronik des Marktes Wiesau. 1984
Das Massensterben in der Oberpfalz in: Der Heimaterzähler 4 (1953) Nr. 7
Die Pest geht um in:Der Heimaterzähler 4 (1953) Nr. 8
Die Pest in Schwandorf in: Für's traute Heim 4 (1929) Nr. 41-43
Dietsch, H.: Medizingeschichtliches aus alten Amberger Chroniken und Schriften in Bayerisches Ärzteblatt Jg. 1969 H. 10 S. 1018 ff
Dollacker, J. Die Oberpfalz im Dreißigjährigen Krieg in: Die Oberpfalz 21 (1927) und 22, 1928
Ernst, Wolfgang: Parkstein – Krone im Land. 2. Auflage
Festschrift zur 400-Kahrfeier der Stadt Burglengenfeld. 1954
Fürnrohr, W.: Das Patriziat der Freien Reichsstadt Regensburg zur Zeit des immerwährenden Reichstags in VHVO 93, 1952 S. 153 ff
Gack, G. Chr.: Geschichte des Herzogtums Sulzbach 1847. Nachdruck 1988
Gemeiner, C. T.: Reichsstadt Regensburgische Chronik Bd. 1-4, 1800-1824
Gernhardt, L. Die Pest in Regensburg in: Die Oberpfalz 15, 1921 S. 104 f
Glückauf an Naab und Vils. 1958
Hanauer, J.: Heimatbuch der Marktgemeinde Eslarn. 1976
Herbeck, J.: Die Pest zu Regensburg im Jahre 1713 in: Die Oberpfalz 1 (1907) S. 135 ff, S. 148 ff, S. 167 ff, S. 183 ff
Kraus, J.: Waldmünchen 1968
Landgraf, G.: Geschichte des Marktes Schnaittenbach. 1908
Lautenschlager, J. B.: Chronik der Stadt Hirschau. 1897
Lipowsky, F. J.: Chronika oder kurtze Beschreibung der churfürstlichen Stadt Amberg... 1818
Metz, F.: Geschichte der Sulzbacher Apotheken in: Die Oberpfalz 56 (1968) S. 139 f
Moser , O.: Die Sterblichkeit in Amberg/OPf. von 1700 bis 1870. 1949
Naber, G.: Der Arzt als städtischer Amtsträger im alten Amberg. 1967
Oberhirtliche Verordnungen und allgemeine Erlasse für das Bistum Regensburg vom Jahr 1250-1852. 1853
Oeter, D.: Sterblichkeit und Seuchengeschichte der Bevölkerung bayerischer Städte von 1348 – 1870. 1961
Paulus, J.: Das Rötzer Spital in: Der Regenkreis 6 (1966) H. 2 S. 46-48
Pesserl, J.: Chronik und Topographie von Schwandorf in: VHVO 24 (1866) S. 163-586
Pestgrabstein in Regensburg in: Die Oberpfalz 2 (1908) S. 64
Piehler, J. Ascherl, H.: Chronik der Pfarrei Altenstadt/WN. und Neustadt/WN. 2. Auflage 1977
Pongratz, J.: Eschlkam. 1973
Pongratz, J.: Furth im Wald. 1959
Rappel, J.: Heimatbuch der Gemeinde Dachelhofen. 1972
Ried, K.: Neumarkt in der Oberpfalz. 1960
Ritscher, B.: Die Entwicklung der Regensburger Ratsverfassung in der gesellschaftlichen und wirtschaftlichen Struktur der Zeit von 1245-1429 in: VHVO 114, (1974) S. 88 ff und 116 (1976) S. 8 ff
Rötz – unsere Heimat in Geschichte und Gegenwart. 1981
Sachs, H.: Der schwarze Tod im mittelalterlichen Amberg in: Oberpfälzer Heimatbuch 2. Auflage 1950
Schabner, J.: Die Chronik des Weidner Bürgermeisters Jakob Schabner für die Jahre 1619-1663. 1928
Schenkl, B.: Neue Chronik der Stadt Amberg. 1817
Schertl, P.: Die Amberger Jesuiten im ersten Dezennium ihres Wirkens (1621-1632) in: VHVO 102 (1962) S. 102 ff und 103 (1963) S. 257 ff
Schmidt, O.: Religiöse Verhältnisse in Amberg vor der Kirchenspaltung in: VHVO 102, 1962 S. 195-208
Schneider, G.: Die Sterblichkeit in Sulzbach in der Oberpfalz in den Jahren 1572-1870. 1949
Schöberl, W.: Zwischen Naab und Regen. 1986
Schönfeld, R.: Studien zur Wirtschaftsgeschichte der Reichsstadt Regensburg im 18. Jahrhundert in: VHVO 100 (1959) S. 5 ff
Schöppler, H.: Die Geschichte der Pest in Regensburg. 1914
Schöppler, H.: Pestschriften der freien Reichsstadt Regensburg in: Archiv für Geschichte der Medizin 1 (1908) H. 5
Schuster, A.: Verfassungsgeschichte der Stadt Weiden im Mittelalter und in den ersten Jahrhhunderten der Neuzeit in: VHVO 92 (1951) S. 49 ff
Stieler, K.: Die Baderzunft in Pfreimd in: Oberpfälzer Heimat 19 (1975) S. 165 ff
Straßer, W.: Vor 275 Jahren wütete die Pest in Cham in: Die Oberpfalz 76 (1988) S. 235 f
Walderdorff, H. v.: Regensburg in seiner Vergangenheit und Gegenwart. 1896
Waller, K.: Die Sterblichkeit der Stadt Amberg/OPf. in den Jahren 1700-1914. 1939
Weiß, R.: Die Entstehung der Hofmark Pertolzhofen in: VHVO 114, 1974 S. 291 ff
Weiß, S.: Chronik der Pfarrei Gebenbach. 1957
Wiltmaister, J. K.: Churpfälzische Chronik. 1783
Winklmann, F.: Die Rekatholisierung der Stadt Rötz in: VHVO 111, (1971) S. 57 ff
Wolfsteiner, A.: Nach dem Schwedenkrieg wütete die Pest in Schwandorf in: Schwandorfer Tagblatt vom 26./27. Mai 1990
Wolfsteiner, A.: Vor 275 Jahren wütete die Pest in Regensburg äußerst furchtbar in: Mittelbayerische Zeitung vom 8./ 9. Okt. 1988
Wurster, H. W.: Die Regensburger Geschichtsschreibung im 17. Jahrhhundert in: VHVO 120, 1980 S. 69 ff

Abkürzungen:

Bd. = Band
BGBR = Beiträge zur Geschichte des Bistums Regenburg
H = Heft
MS = Manuskript
S. = Seite
VHVO = Verhandlungen des Historischen Vereins für Oberpfalz und Regensburg
ZLBG = Zeitschrift für bayerische Landesgeschichte

Ungedruckte Unterlagen:

Akten aus dem Bischöflichen Zentralarchiv Regensburg
Akten des Staatsarchivs Amberg
Dollacker, A.: Vom Dreißigjährigen Krieg. STAA MS 83
Erb, N.: Kirchliche Geschichte des Marktes Hohenburg. MS 1876
Paulus, A.: Chronik der Stadt Burglengenfeld, 1846 ff
Ratsbücher der Stadt Nabburg
Schmid, J.: Kurze Chronik der Pfarrei Kemnath b. Fuhrn
Spandl, F.: Pestzeiten in unserer Heimat in: Heimatkundliche Stoffsammlung für den Schulaufsichtsbezirk Burglengenfeld-Schwandorf. MS 1960

Ortregister